Bergwandern in Österreich 1

Bergwandern in Österreich 1

Die schönsten Touren in Niederösterreich, Oberösterreich und der Steiermark

Manfred Korbaj

P·I·C·H·L·E·R
EDITION AUSTRIA

Die in diesem Führer enthaltenen Angaben wurden vom Autor nach bestem Wissen und Gewissen erstellt. Vielen Angaben liegen die Rother-Alpenvereinsführer zugrunde. Eine Haftung für ihre Richtigkeit kann jedoch nicht übernommen werden, wenn Rechte Zweiter oder Dritter in Anspruch genommen werden wollen. Auch für etwaige technische Fehler sowie für die Richtigkeit der redaktionellen Eintragungen und Textangaben übernehmen Autor und Verlag keine Haftung

1. Auflage
ISBN 3-85431-159-1

Umschlaggestaltung: Bruno Wegscheider
Umschlagfoto: Manfred Korbaj, Hochschwab – G'hacktstein
Buchgestaltung und Produktion: CH&ERN design, Bruno Wegscheider
Abdruck der Panoramakarte auf den Klappen mit freundlicher Genehmigung der Hallwag AG, Bern
Karten: Exact-Kartografie, Wien
Fotos: Manfred Korbaj und Csaba Szépfalusi
Reproduktion: Eurografik, Wien
Druck: Inovamedia, Wien
Bindung: Papyrus, Wien
Gedruckt auf chlorfrei gebleichtem Papier

Inhalt

Vorbemerkungen

Dieser Band versteht sich als Auswahlführer zu den schönsten Bergtouren Ostösterreichs. Dabei wurde versucht, unter Hunderten von Touren die lohnendsten in Niederösterreich, Oberösterreich und der Steiermark zusammenzustellen. Landschaftlicher Reiz, Routenführung und Gipfelerlebnis waren die Kriterien, nach denen ausgesucht wurde. Außerdem wurde darauf geachtet, daß meist auch eine Rundtour möglich ist. So weist dieser Band Bergtouren verschiedenster Schwierigkeitsgrade auf, wobei in nur ganz wenigen Fällen auch Kletterkönnen notwendig ist. Solche Schwierigkeiten sind jedoch gesondert angegeben. Alles in allem findet man in diesem Führer eine Vielzahl klassischer Top-Routen, wobei jede für sich ein ganz besonderes Erlebnis darstellt.

Trotz des Genusses, der mit diesen Touren verbunden ist, möge man bei jeder dieser Unternehmungen auch auf mögliche Gefahren wie Wettersturz, Steinschlag, Absturzgefahr, etc. achten. Außerdem sollte man nur dann auf hochalpine Berge steigen, wenn sowohl die körperlichen Voraussetzungen (allgemeine Fitneß und Ausdauer) als auch die geistigen Grundlagen (Bereitschaft zum zeitgerechten Umkehren, Leistungsdenken hat am Berg nichts verloren, im Vordergrund sollte der Naturgenuß stehen, etc.) stimmen. Dazu gehören nun einmal auch eine gehörige Portion Erfahrung und alpines Wissen sowie eine geeignete Funktionsausrüstung. Denn mehr Wissen bedeutet auch mehr Erleben! Nicht der Gipfel, sondern der Weg ist das Ziel!

LAGE UND GEBIET

Die für Sie in diesem Führer zusammengestellten 70 Touren mit einer Vielzahl von Varianten führen auf über 100 herrliche Gipfel in 25 verschiedenen Gebirgsgruppen. Die Touren befinden sich in den Bundesländern Niederösterreich, Oberösterreich und Steiermark. Der Band West dieser Reihe wird die schönsten Bergwanderungen in Salzburg, Kärnten, Tirol und Vorarlberg präsentieren.

AUSRÜSTUNG

Zur sinnvollen Durchführung einer jeden Bergtour gehört die funktionell richtige Ausrüstung. Vor allem im Hochgebirge kann ein adäquates Outfit nicht nur den Genuß steigern, sondern im Ernstfall auch Leben retten. Im Folgenden möchte ich eine kurze Aufstellung über notwendige Ausrüstungsgegenstände geben.

- Schichtenbekleidung: schweißabgebende Unterwäsche, Baumwollhemd, Faserpelzjacke, Goretex-Überjacke, Berg- oder Wanderhose (lang), Goretex-Überhose
- Handschuhe, Mütze, Reservesocken, Sonnenbrille
- Berg- oder Wanderschuhe mit Profilsohle, bei Steigeisenbenutzung müssen sie steigeisenfest sein
- Rucksack mit Hüftgurt, Volumen ca. 20–40 Liter je nach Vorhaben
- Erste-Hilfe-Paket, Sonnenschutzcreme
- Biwaksack
- Trinkflasche
- Karte, Kompaß, Höhenmesser
- verstellbare Schistöcke zur Unterstützung und Knieschonung
- für Klettertouren: 50 m Einfachseil, Brust- und Sitzgurt, 4 Schnappkarabiner, 1 HMS-Karabiner, 2 Schraubkarabiner, Klemmkeile in verschiedenen Größen, Reepschnüre, Bandschlingen, Expreß-Schlingen, eventuell Haken und Hammer, Steinschlaghelm
- für Klettersteige: Brust- und Sitzgurt, Klettersteigsicherung, Reepschnüre, Karabiner, Steinschlaghelm
- für Gletschertouren: 50 m Halbseil (Ø 9 mm), Brust- und Sitzgurt, Karabiner, 2 Eisschrauben, Prusikschnüre, Reepschnüre, Steigeisen, Pickel
- Verpflegung in Form von kohlehydratreicher Kost

ORIENTIERUNG UND TOURENPLANUNG

Um uns im Gelände und bei schlechter Sicht zurechtzufinden, benötigen wir eine Karte im Maßstab 1: 25.000 oder 1: 50.000. Karten im Maßstab von 1: 100.000 dienen lediglich zur Übersicht. Die hier angegebenen Kartenblätter des Bundesamtes für Eich- und Vermessungswesen haben sich als recht brauchbar erwiesen. Für einige hochalpine Regionen sind auch Alpenvereinskarten im Maßstab von 1: 25.000 erhältlich, welche das Optimum darstellen.

Bei Nebel oder schlechter Sicht empfehle ich Kompaß und Höhenmesser. Über den Einsatz und die Verwendung solcher Geräte gibt die im Buchhandel erhältliche Fachliteratur genauestens Auskunft. Speziell auf Gletschern oder weiten Hochflächen (z.B. Totes Gebirge) erweisen sich Kompaß und Höhenmesser als unverzichtbare Hilfsmittel, auch GPS-Geräte (Satellitennavigationsgeräte im Miniformat) können verwendet werden.

Schon vor der Tour sollte eine korrekte Tourenplanung durchgeführt werden. Dabei sind die Höhenmeter, die dafür benötigte Zeit, die Schwierigkeiten, das Eigenkönnen, die Wetterbedingungen unbedingt zu berücksichtigen. Auskünfte von Einheimischen, Bergführern und Hüttenwirten erweisen sich immer als sehr wertvoll. Diese Ratschläge bitte immer ernst nehmen!

ZUM ALLGEMEINEN GEBRAUCH

Alle angeführten Touren sind Vorschläge und können in vielen Fällen variiert, gekürzt oder durch Zusatztouren erweitert werden.

Die Höhenmeterangaben beziehen sich nur auf den Aufstieg.

Den dafür notwendigen Zeitangaben liegen eine Durchschnittsleistung von 300–400 Höhenmetern pro Stunde zugrunde. Der erste Wert bezieht sich nur auf den Aufstieg, nach dem Schrägstrich wird die Gesamtzeit angegeben. Dabei wurde für den Abstieg ungefähr die Hälfte der Anstiegszeit veranschlagt. Änderungen darin können durch subjektive Faktoren (Kondition, Fitneß, Routenwahl) und durch objektive Faktoren (Wetterlage, Schnee, unvorhergesehene Ereignisse) bewirkt werden.

Die Routenbeschreibungen sind kurz gehalten und beschränken sich nur auf das Wesentlichste. Alle hier beschriebenen Touren sind bezeichnet und markiert. Um sich aber auf der Route besser zurechtzufinden, ist ein Kartenstudium empfehlenswert. Die Beschreibungen sind im Sinne der Route zu verstehen. Geographische Bezeichnungen wie Grate, Kämme oder Flanken werden orographisch, das heißt in Fließrichtung von Wasserläufen, angegeben. Kletterschwierigkeiten sind gesondert mit der allgemein gültigen UIAA-Skala vermerkt. Dabei gelten sieben Schwierigkeitsgrade, wobei heute schon bis zum elften Grad geklettert wird.

I Geringe Schwierigkeiten. Einfachste Form der Felskletterei. Die Hände sind zur Unterstützung des Gleichgewichts erforderlich. Anfänger müssen am Seil geführt werden. Schwindelfreiheit erforderlich.

II Mäßige Schwierigkeiten. Hier beginnt die Kletterei, welche die „Drei-Punkte-Haltung" erforderlich macht.

III Mittlere Schwierigkeiten. Zwischensicherungen an exponierten Stellen sind empfehlenswert. Senkrechte Stellen oder gutgriffige Überhänge verlangen bereits Kraftaufwand.

VI Große Schwierigkeiten. Hier beginnt die Kletterei schärferer Richtung. Erhebliche Klettererfahrung notwendig. Längere Kletterstellen bedürfen meist mehrerer Zwischensicherungen.

V Sehr große Schwierigkeiten. Eine zunehmende Anzahl von Zwischensicherungen ist die Regel. Erhöhte Anforderungen an körperliche Voraussetzungen, Klettertechnik und Erfahrung.

VI Überaus große Schwierigkeiten. Die Kletterei erfordert weit überdurchschnittliches Können und hervorragenden Trainingszustand. Große Ausgesetztheit, oft verbunden mit kleinen Standplätzen. Solche Passagen können nur bei guten Bedingungen bezwungen werden. Häufig auch mit künstlicher Kletterei (A0-A4) kombiniert.

VII Außergewöhnliche Schwierigkeiten. Ein durch gesteigertes Training und verbesserte Ausrüstung erreichter Schwierigkeitsgrad. Neben akrobatischem Klettervermögen ist das Beherrschen ausgefeilter Sicherungstechnik unerläßlich.

Die Stützpunkte wie Hütten und Almen sind nur mit der Bezeichnung und der Höhenangabe versehen. Genaue Öffnungs- und Bewirtschaftungszeiten entnehmen Sie bitte dem gültigen Alpenvereins-Hüttenverzeichnis. In der Regel sind die Schutzhütten in den hochalpinen Regio-

nen von Juni bzw. Juli bis Ende September geöffnet. In den Voralpen oder im Wienerwald haben viele Hütten sogar ganzjährig geöffnet.
Die beste Zeit zur Durchführung der Touren besteht von Mai bis Oktober. Sowohl im Frühjahr als auch im Herbst muß mit Schneefeldern in der einen oder anderen Passage gerechnet werden. Auch der Winter eignet sich zum Wandern. Bei Schneelage können sich jedoch die Anstiegszeiten stark verlängern. Schneeschuhe schaffen dabei gute Abhilfe. Viele der Routen können natürlich auch mit Schiern begangen werden. Oft weicht aber die Schitour vom Sommerweg ab. Deswegen wird hier auf spezielle Schitourenführer verwiesen, welche unter anderem auch vom Autor im Buchhandel erhältlich sind.

ZEICHENERKLÄRUNG

	Ausgangspunkt
	Aussichtsturm
	Bergwerk
	Bildstock
	Gebäude, Almhütte
	Gipfelkreuz
	Kapelle
	Kirche
	Kraftwerk
	Ruine
	Schloß
	Schutzhaus, Berggasthof

Hoher Lindkogel
834 m

Tour 1

Gebiet:	Wienerwald
Charakteristik:	Leichte Wanderung auf einen Wienerwaldgipfel
Ausgangspunkt:	Baden, 232 m
Ausgangspunkt:	Gasthof „Cholerakapelle" im Helenental

Route: Vom Parkplatz auf einer Brücke über die Schwechat und auf markiertem Waldweg in südlicher Richtung bis zu einer Wegkreuzung. Hier nach rechts und durch den Kalkgraben auf einen Waldkamm. Über diesen, dem markierten Weg Nr. 04 in nordwestlicher Richtung folgend, bis zum Gipfel des Hohen Lindkogels mit Warte und Schutzhaus. Vom Schutzhaus wieder ein kurzes Stück zurück, dann nach links abbiegen und Abstieg über den „Steinigen Weg" hinunter zur Schwechat. Auf dem Uferweg zurück zur Cholerakapelle.
Variante: Aufstieg von Bad Vöslau zur Vöslauer Hütte und am Kamm über den Sooßer Lindkogel zum Hohen Lindkogel. Rückweg wie Anmarsch (sehr schöne Kammwanderung).

Höhenmeter:	570
Zeit:	2/3–4 Stunden
Stützpunkte:	Gasthof „Cholerakapelle", 269 m, Schutzhaus „Eisernes Tor", 834 m
Karten:	ÖK 1: 50.000, Blätter 58 und 76
Sehenswertes:	Kurzone und Kurpark mit Casino in Baden

Nur wenige Kilometer vor den Toren der Kurstadt Baden erhebt sich der Hohe Lindkogel, auch „Eisernes Tor" genannt. Von allen Seiten führen gut angelegte Wanderwege zum höchsten Punkt. Der Gasthof „Cholerakapelle" und das Hotel „Krainerhütte" stellen dabei zwei gute Ausgangspunkte im Helenental dar.

Links: *Kletter-Eldorado der Wiener Bergsteiger: Peilstein, Cimone*

Nach der Wanderung empfiehlt sich noch ein kleiner Stadtbummel durch Baden, wobei der Kurpark mit dem umgebauten Casino ein besonderer Höhepunkt ist. Sehr lohnend ist auch ein Rundgang im Stift Heiligenkreuz, dem zweitältesten Zisterzienserkloster Österreichs (gegründet 1133), der mit einer Einkehr im Stiftskeller abgerundet werden kann.

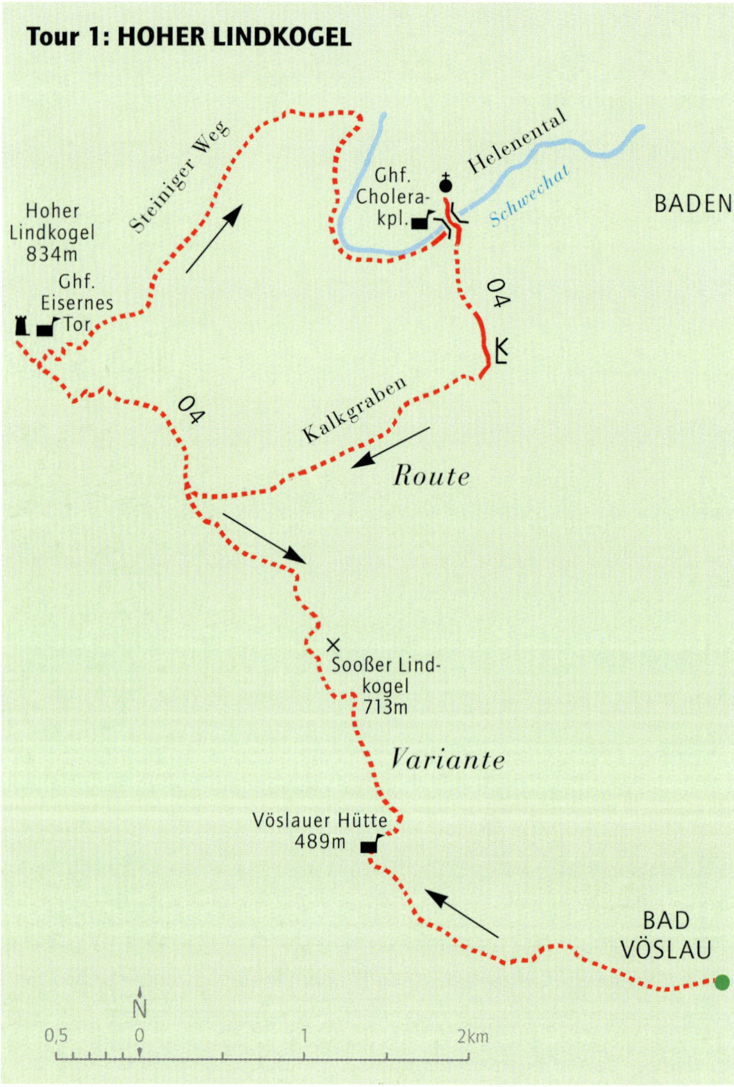

Rechts: *Tiefblick von der Aussichtswarte auf dem Hohen Lindkogel*

Oben: *Verdiente Ruhepause nach einer genußvollen Bergtour: bei der Aussichtswarte auf dem Hohen Lindkogel*
Unten: *Blick von den Felsabstürzen des Peilsteins in Richtung Hafnerberg*

Peilstein
716 m

Tour 2

Gebiet:	Wienerwald
Charakteristik:	Leichte Wanderung auf eine aus dem Wald emporragende Felsbastion. Herrliche Aussicht auf die Ausläufer des Wienerwaldes.
Talort:	Maria Raisenmarkt, 371 m
Ausgangspunkt:	Kirche in Maria Raisenmarkt

Route: Von der Kirche folgen wir dem markierten Waldweg Nr. 01 zur Ruine Arnstein. Weiter in südlicher Richtung durch Wald. In der Folge überqueren wir die Zufahrtsstraße nach Holzschlag und wandern gemütlich hinauf zum Gipfel mit dem Peilsteinhaus. Rückweg wie Anmarsch.
Variante: Trittsichere können das Cimone-Couloir (Schwierigkeitsgrad I) hinunterklettern und dann auf dem Wandfußsteig zur Anmarschroute zurückkehren.

Höhenmeter:	350
Zeit:	1,5 / 3 Stunden
Stützpunkt:	Peilsteinhaus, 716 m
Karte:	ÖK 1: 50.000, Blatt 57
Sehenswertes:	Peilsteinwände mit der heimischen Kletterszene

Der Peilstein ist das Kletter-Eldorado der Wiener Bergsteiger. Schon vor dem Zweiten Weltkrieg übte sich hier die Wiener Kletterszene. Die Wände sind zwischen 20 und 100 Meter hoch und weisen alle Schwierigkeitsgrade auf. Namen wie Cimone oder Matterhorn künden von fernen alpinen Höhepunkten. Für Schaulustige oder Interessierte ist der Wandfußsteig besonders lohnend, da man hier die Aktiven gut beobachten kann. Wer Lust und Laune auf ein Kletterabenteuer verspürt, dem sei die Kletterschule am Peilstein empfohlen.

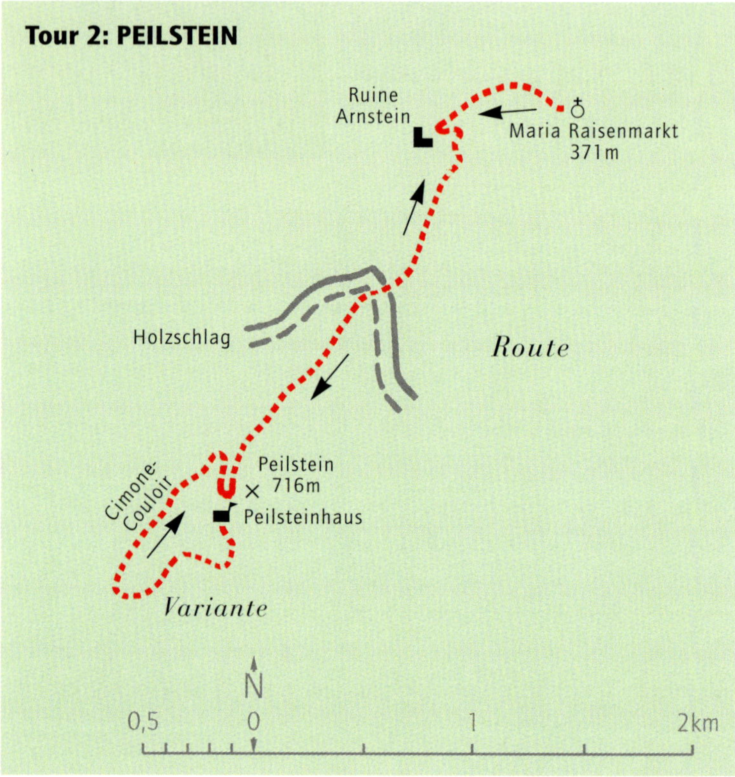
Tour 2: PEILSTEIN
Ruine
Arnstein
Maria Raisenmarkt
371m
Holzschlag
Route
Peilstein
716m
Cimone-
Couloir
Peilsteinhaus
Variante
N
0,5
0
1
2km

Tour 3

Schöpfl
893 m

Gebiet:	Wienerwald
Charakteristik:	Waldwanderung auf den höchsten Wienerwaldgipfel. Schöne Aussicht von der Matras-Warte.
Talort:	Klausen-Leopoldsdorf, 375 m
Ausgangspunkt:	Schöpflgitter, 412 m

Route: Von Schöpflgitter auf markiertem Waldweg durch den Kleinmariazeller Forst über Vorder- und Hinterschöpfl hinauf zum Gipfel. Rückweg wie Anmarsch.
Variante: Aufstieg von St. Corona (kürzer)

Höhenmeter:	480
Zeit:	2 / 3-3,5 Stunden
Stützpunkte:	Schöpfl-Schutzhaus, 893 m
Karte:	ÖK 1: 50.000, Blatt 57

Der Schöpfl ist der höchste Gipfel des Wienerwaldes und bietet mit seinen schattigen Waldwegen genußvolle Wandermöglichkeiten. Eine besondere Attraktion ist die Sternwarte, welche uns das Universum näherbringt. Von der Matras-Warte genießen wir einen besonders schönen Ausblick, der von den Wienerwaldbergen bis zu den Voralpen reicht. Ganz besonders mächtig erhebt sich der Schneeberg. Nach solchen Ausblicken schmeckt dann die Jause im Schutzhaus besonders gut.

Tour 3: SCHÖPFL

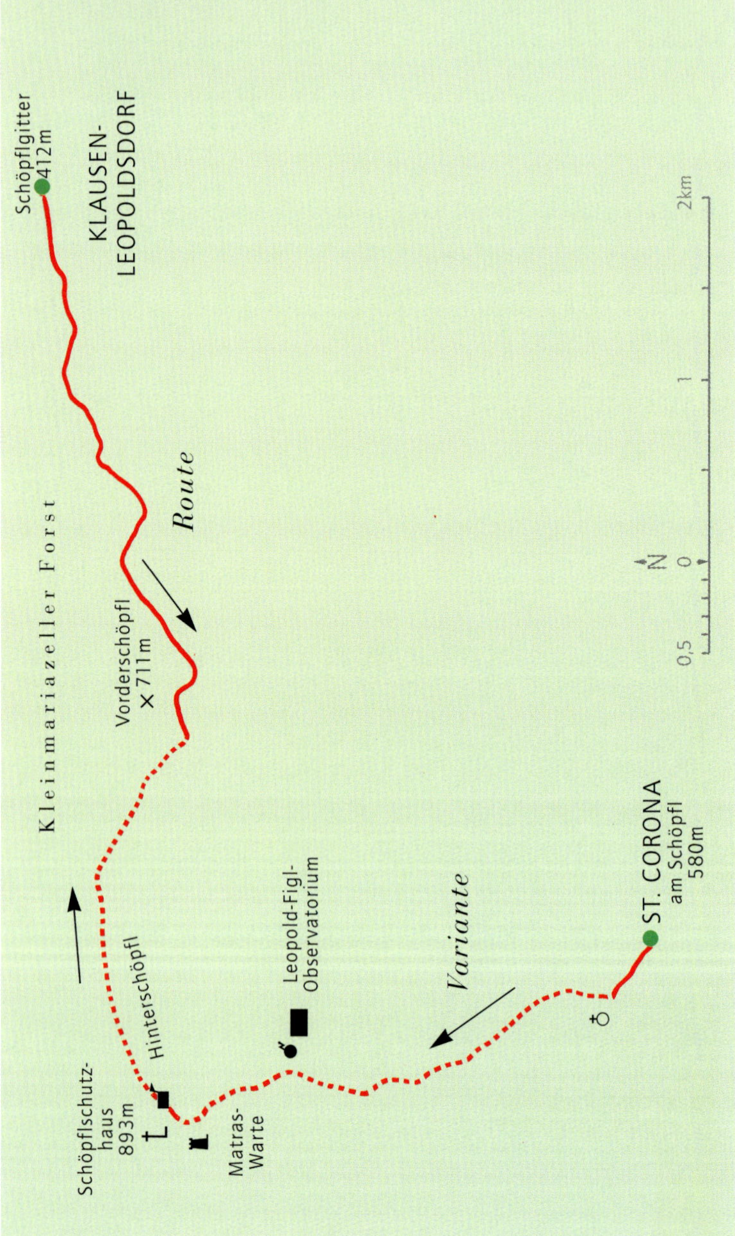

Rechts: *Blick von der Matras-Warte auf dem Schöpfl über die Kuppen des Wienerwaldes*

Oben: *Auf der Matras-Warte: herrlicher Fernblick nach Süden*
Unten: *Blick auf die Hohe Mandling, den Hausberg von Berndorf: Gemütliche Aufstiege von allen Seiten bieten ein erstklassiges Wandervergnügen.*

Hoher Mandling 967 m

Tour 4

Gebiet:	Gutensteiner Alpen
Charakteristik:	Waldgipfel mit gemütlichem Aufstieg
Talort:	Berndorf, 312 m
Ausgangspunkt:	Grillenberg, 356 m

Route: Von Grillenberg folgen wir dem markierten Weg (Forststraße) ins Grillenbergtal zum Weißen Kreuz. Weiter talein in westlicher Richtung, vorbei an einer Jagdhütte, und schließlich hinauf zum Waldkamm, Fozeben, Wegkreuzung. Nun in Richtung Süden zum höchsten Punkt mit der Berndorfer Hütte. Noch ein kurzes Stück nach Süden, dann auf dem Weg in östlicher Richtung, am Großen Rosenkogel (841 m) vorbei und längs des Waldweges an der Hammerlleiten nach Grillenberg zurück.

Variante: Bedingt durch die zentrale Lage dieses Berges, kann der Gipfel von allen Seiten auf gut markierten Wanderwegen erreicht werden. Empfehlenswert ist der noch etwas längere Aufstieg von Steinhof durch den Großen Geyergraben. Kürzer, aber wesentlich steiler verläuft der Steig von Reichental, auf der Südseite der Hohen Mandling.

Höhenmeter:	600
Zeit:	2,5 / 4 Stunden
Stützpunkt:	Berndorfer Hütte, 967 m
Karten:	ÖK 1: 50.000, Blätter 75 und 76
Sehenswertes:	Steinwandklamm und die Myrafälle bei Muggendorf/Pernitz

Die Hohe Mandling ist der Hausberg von Berndorf und leitet mit ihrem Waldgipfel allmählich ins Alpenvorland über. Die Aufstiege sind gemütlich, wenn auch etwas lang. Von allen Seiten führen schattige Waldwege zum höchsten Punkt, wo sich auch die Berndorfer Hütte befindet.

Eine große Wiese unmittelbar davor wird speziell von Familien mit Kindern gerne für Spiel und Spaß genutzt. Ein besonderes Erlebnis stellt der Besuch der Myrafälle nordwestlich von Pernitz bei Muggendorf dar. Mehrere kleine Wasserfälle des Myrabaches, eines Zuflusses der Piesting, bieten ein eindrucksvolles Naturschauspiel.

Tour 4: HOHER MANDLING

Tour 5

Hohe Wand

1132 m

Gebiet:	Gutensteiner Alpen
Charakteristik:	Steiler, felsiger Anstieg mit gemütlicher Plateauwanderung und weitreichenden Aussichten. Zum Schluß steiler, felsiger Abstieg.
Talorte:	Maiersdorf, 502 m, Stollhof, 459 m
Ausgangspunkt:	Zweiersdorf, 508 m

Route: Von Zweiersdorf wandern wir zuerst auf einem Waldweg, dann auf felsigem Steig (Springlessteig) hinauf zum Hubertushaus, 946 m. Von hier auf einem schönen Waldweg in westlicher Richtung hinüber zur Eichert-Hütte auf der Großen Kanzel. Nun führt ein gemütlicher Wanderweg auf dem Plateau zur Grünbacher Hütte und am Kleinen Plackles vorbei zum Kleinkanzelhaus, 1065 m. Kurz bergab auf der Autostraße, dann nach rechts und auf einem Waldweg (Forststraße) zum Hochkogelhaus, 932 m. Ein kurzes Stück wieder zurück in Richtung Hubertushaus, dann bei einem Wegweiser nach links und auf felsigem Steig hinunter nach Zweiersdorf.
Varianten: Mit dem Auto hinauf auf das Hohe-Wand-Plateau bis zum Kleinkanzelhaus. Von hier Rundtour über Eichert-Hütte, Hubertushaus und Hochkogelhaus zurück zum Kleinkanzelhaus. Ebenfalls sehr lohnend sind die Anstiege von Stollhof/Loderhof und von Dreistetten (teilweise versicherte Klettersteige).

Höhenmeter:	550
Zeit:	2 / 5 Stunden
Stützpunkte:	Hubertushaus, 946 m, Eichert-Hütte, 1052 m, Kleinkanzelhaus, 1065 m, Hochkogelhaus, 932 m
Karte:	ÖK 1: 50.000, Blatt 75
Sehenswertes:	Steilwände mit zahlreichen Kletterern, Ruine Starhemberg, Zitherwirt

Als felsiges Bollwerk erhebt sich die Hohe Wand mit ihren Kletterwänden aus der Wiener Neustädter Ebene. Eine große Zahl verschiedenster Kletterrouten, unter anderem auch einige versicherte Klettersteige (z.B.: der „Wildenauersteig") leiten durch die senkrechten Abbrüche hinauf zum Hochplateau. Kurz nach der Mautstelle der Hohe-Wand-Straße liegt der Milak-Klettergarten. Schon von weitem sind die farbig markierten Kletterrouten sichtbar. Unter fachkundiger Anleitung fangen hier die ersten Gehversuche im steilen Fels an.
Durch die Mautstraße (max. 12% Steigung) ist das Hohe-Wand-Gebiet mit all seinen Gasthöfen (Kohlröserlhaus, Alpengasthof Postl, Gasthof Almfrieden) gut erschlossen. Leichte Wander- und Spazierwege führen über die Hochebene. Der bekannteste verbindet die Kleine Kanzel mit der Großen Kanzel. Gemütliche Hütten laden dabei stets zu einer Rast ein und sorgen für eine bekömmliche Stärkung.

Ein felsiges Bollwerk in den Gutensteiner Alpen: die Südwände der Hohen Wand

Tour 5: HOHE WAND

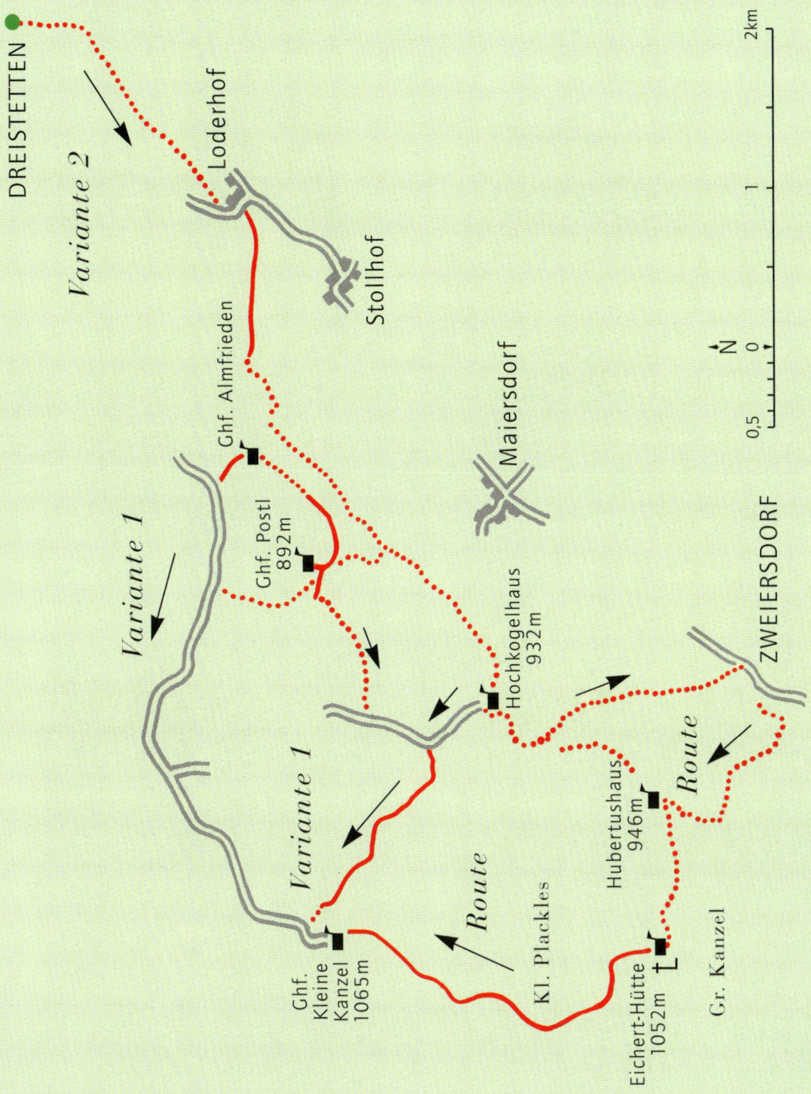

Tour 6

Kieneck
1106 m

Gebiet:	Gutensteiner Alpen
Charakteristik:	Schöne Bergtour auf einen freien Aussichtsgipfel. Empfehlenswert sind die Anstiege über die Steige (teilweise steil).
Talort:	Muggendorf, 450 m
Ausgangspunkt:	Lammwegtal, Gasthof Leitner

Routen: Von der markanten Weggabelung am Beginn des Lammwegtales bieten sich 3 Aufstiegsmöglichkeiten:
1) Durch das Lammwegtal talein, dann bei einem Kreuz nach rechts und durch das Ramsental zum Bettelmannkreuz, 952 m. Von hier am Kamm in nördlicher Richtung zum höchsten Punkt.
2) Über den Enziansteig hinauf zum Bergkamm und in nördlicher Richtung zum Gipfel.
3) Entlang dem Atzbach talein, bis links eine Forststraße in den Viehgraben abzweigt. Auf dieser bergan bis zu einer Höhe von ca. 800 m. Hier nach rechts abzweigen und über den Matrassteig zum Gipfel. Den Abstieg kann man auf einer der Aufstiegsrouten antreten oder über den Mareschsteig in den Weidengraben absteigen. Entlang dem Atzbach zum Ausgangspunkt zurück.
Variante: Der Anstieg kann auch auf der längeren Route über den Atzsattel durchgeführt werden.

Höhenmeter:	500
Zeit:	1,5–2 / 3–4 Stunden
Stützpunkt:	Enzianhütte, 1106 m
Karte:	ÖK 1: 50.000, Blatt 75
Sehenswertes:	Steinwandklamm und Myrafälle bei Muggendorf

Links: *Hohe Wand mit Wildenauersteig*

Mit dem Kieneck nehmen die Voralpen ihren Anfang. Dem bekannten Schizentrum Unterberg östlich vorgelagert, beschert dieser Gipfel einen erlebnisreichen Ausflug, wenn am Ende die Steinwandklamm und die Myrafälle bei Muggendorf noch miteinbezogen werden.

Tour 6: KIENECK

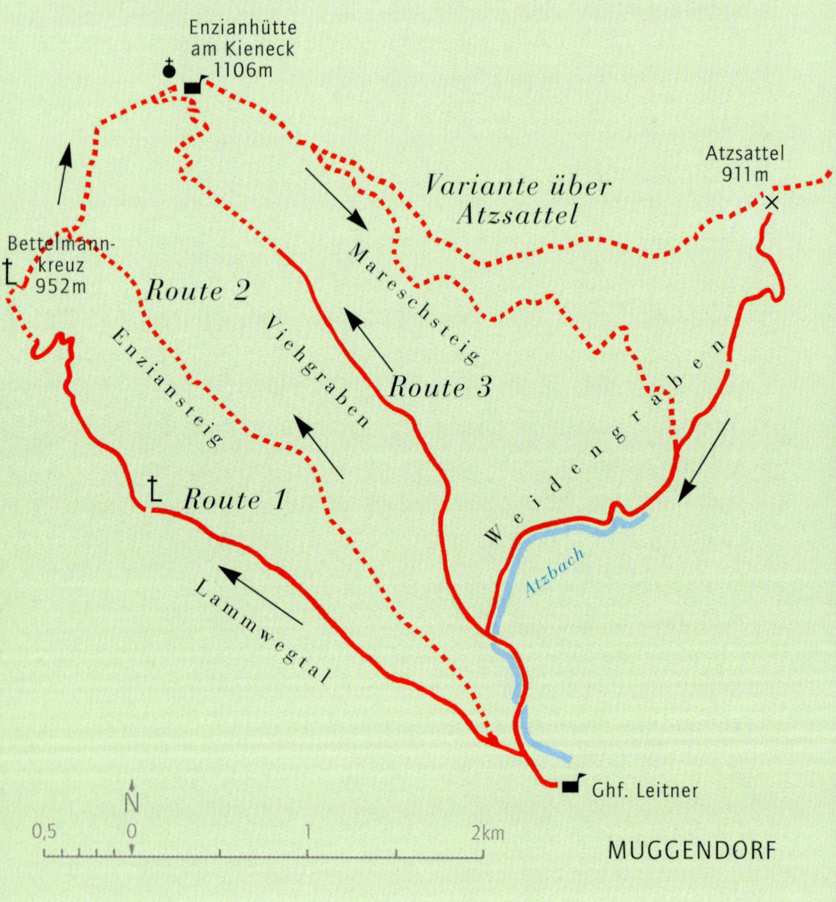

Reisalpe
1399 m

Tour 7

Gebiet:	Gutensteiner Alpen
Charakteristik:	Etwas langgezogene Wanderung mit weitreichendem Gipfelblick
Talort:	Kleinzell, 480 m
Ausgangspunkt:	Kirche in Kleinzell

Route: Von der Kirche folgen wir dem markierten Weg in den Wald und steigen über die Weißenbachalm und die Zeißlalm zu den freien Flächen der Kleinzeller-Hinteralm auf. Hier zweigen wir dann von der Forststraße rechts ab und wandern auf einem schönen Steig hinauf zum höchsten Punkt mit dem Reisalpen-Schutzhaus. Abstieg wie Aufstieg. Variante: Von Lilienfeld Auffahrt mit dem Sessellift zum Muckenkogel, 1248 m. Dann in südlicher Richtung auf dem Kamm zur Traisner Hütte auf der Hinteralm (1311 m). Von hier über die Sternleiten auf den Gscheidboden und hinüber bis kurz vor die Brennalm. Bei der markanten Wegkreuzung nach links und längs der Felsen empor zur Reisalpe. Abstieg wie Aufstieg. Diese Tour ist etwas kürzer (ca. 600 Höhenmeter), hat aber am Rückweg wieder einen Gegenanstieg.

Höhenmeter:	920
Zeit:	2 / 3-4 Stunden
Stützpunkte:	Kleinzeller-Hinteralm, 1020 m, Reisalpen-Schutzhaus, 1399 m
Karte:	ÖK 1: 50.000, Blatt 74
Sehenswertes:	Stift Lilienfeld, Zdarsky-Museum

Mit der Hinteralm und dem Muckenkogel bildet die Reisalpe eine Art Eckpfeiler im Gölsental. Wunderschöne Waldwege führen auf den freien Gipfel, der mit seiner tollen Aussicht für den einen oder anderen Schweißtropfen entschädigt. Sehr gerne wird die in der Variante beschrie-

bene Überschreitung unternommen. Das 1974 zur Stadt erhobene Lilienfeld bildet auf dieser Tour nicht nur den alpinen Ausgangspunkt, sondern gewährt auch einen interessanten Einblick in die Pioniertage des alpinen Schilaufs.

Tour 7: REISALPE

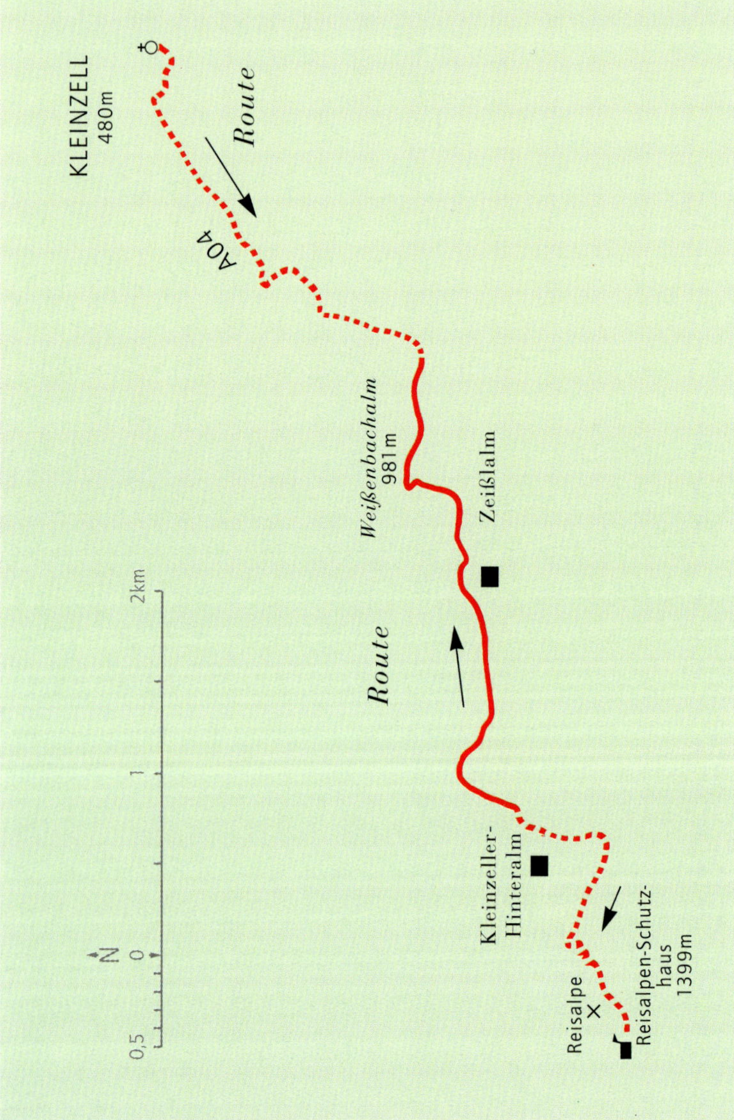

Eine Führung durch das Zisterzienserstift und die anschließende Besichtigung des Zdarsky-Schimuseums sind wahrhaft eine Bereicherung und sollten nicht versäumt werden. Dabei werden die schillernde Persönlichkeit des großen Schipioniers Matthias Zdarsky und all seine Erfindungen noch lange im Gedächtnis bleiben.

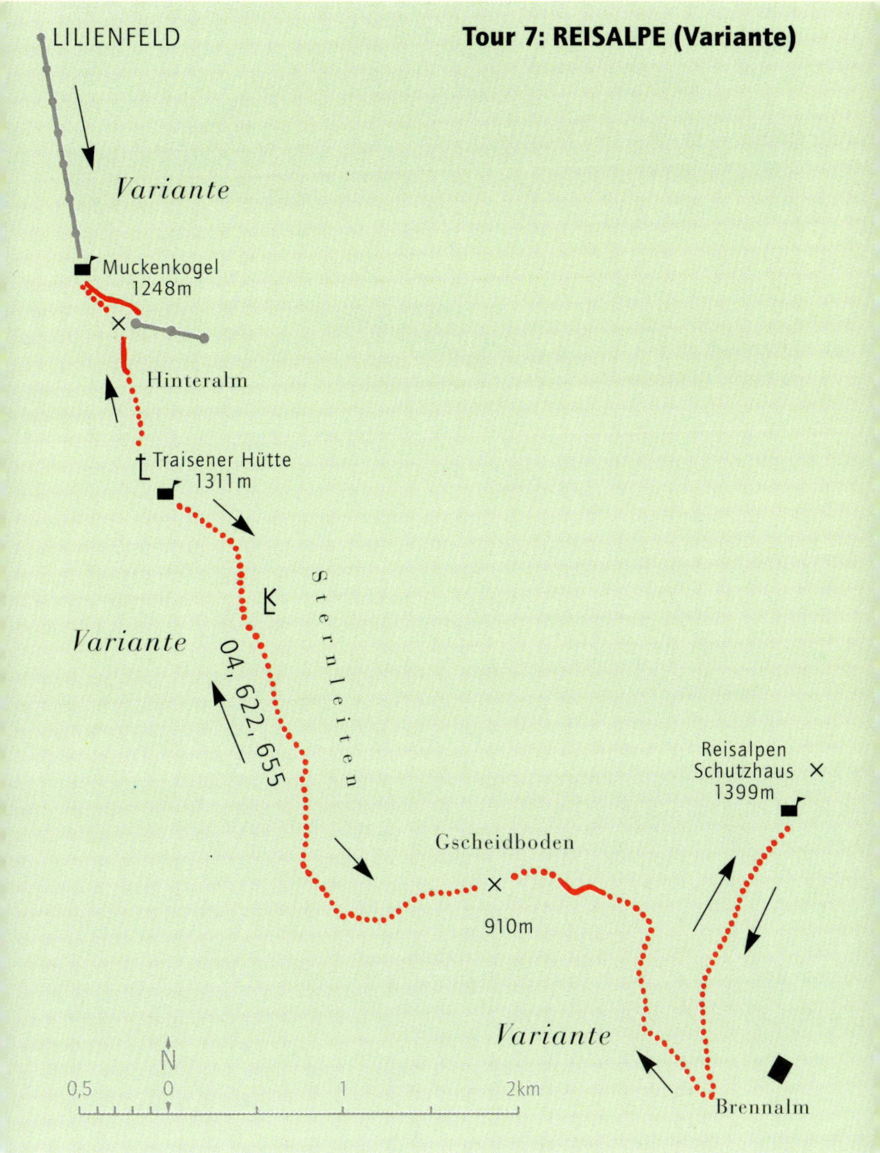

Blick auf den Hochstaff - ein Wanderparadies mit wunderschönen Waldwegen

Eisenstein
1185 m

Tour 8

Gebiet:	Türnitzer Alpen
Charakteristik:	Gemütliche Rundtour
Talort:	Türnitz, 466 m
Ausgangspunkt:	Türnitz, Sulzbachgraben

Route: Im Sulzbachgraben folgen wir dem markierten Wanderweg, bis kurz nach einem Kreuz der Weg links abzweigt. Auf diesem zum Knedelhof und durch den Mühlhofgraben zum Ortbauer. In der Folge schneidet der Weg die Forststraße ab, und wir erreichen die freien Wiesenflächen unterhalb des Eisensteins. In einem Rechtsbogen auf dem Weg zum höchsten Punkt. Vom Gipfel auf einem Steig nach Osten, bei einer Weggabelung dann nach rechts und auf schönem Waldweg hinunter zum Hochgraser. In der Folge führt der Weg wieder in den Sulzbachgraben und nach Türnitz zurück.

Variante: Sehr lohnend gestaltet sich auch die Überschreitung vom Eisenstein zum nordöstlich gelegenen Hohenstein mit dem Otto-Kandler-Haus, 1195 m. Den Abstieg sollte man dann auf einem der nach Süden leitenden Wege nehmen, um nicht allzuweit vom Ausgangspunkt entfernt zu sein. Dafür bieten sich die Wege Nr. 06 und der Weg durch den Hauserbauerngraben an.

Höhenmeter:	720
Zeit:	2–2,5 / 3,5–4 Stunden
Stützpunkt:	Julius-Seitner-Hütte, 1185 m
Karte:	ÖK 1: 50.000, Blatt 73
Sehenswertes:	Paulinenhöhle am Weg zum Eisenstein, zwischen Türnitz und Knedelhof

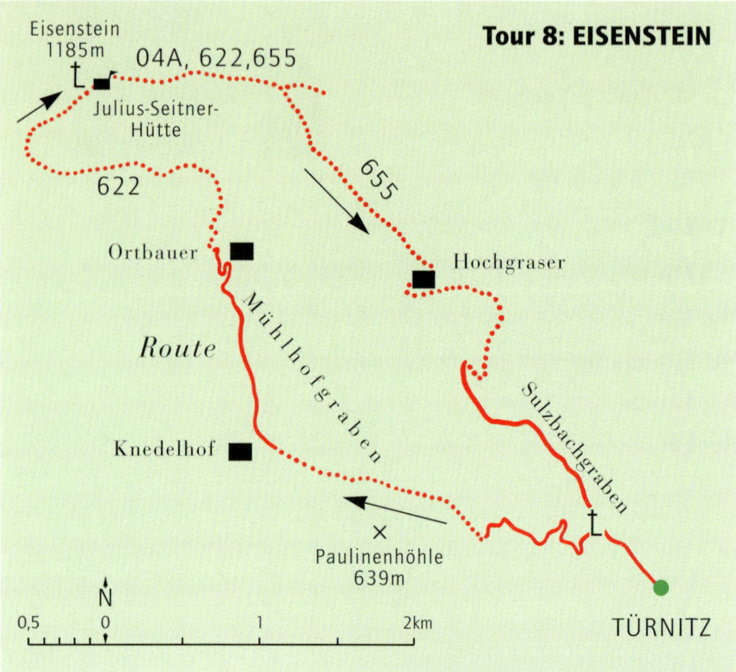

Oben: *Das Tirolerkogel-Schutzhaus in den Türnitzer Alpen*
Übernächste Seite: *Der Eingang zur wildromantischen Falkenschlucht im Dachsental*

Auf dem Weg von Lilienfeld über Türnitz auf den Annaberg lohnt ein Abstecher auf diesen vielleicht noch eher unbekannten Gipfel. Die Aufstiege sind nicht allzulang und können dadurch auch als Halbtagstour eingeplant werden.

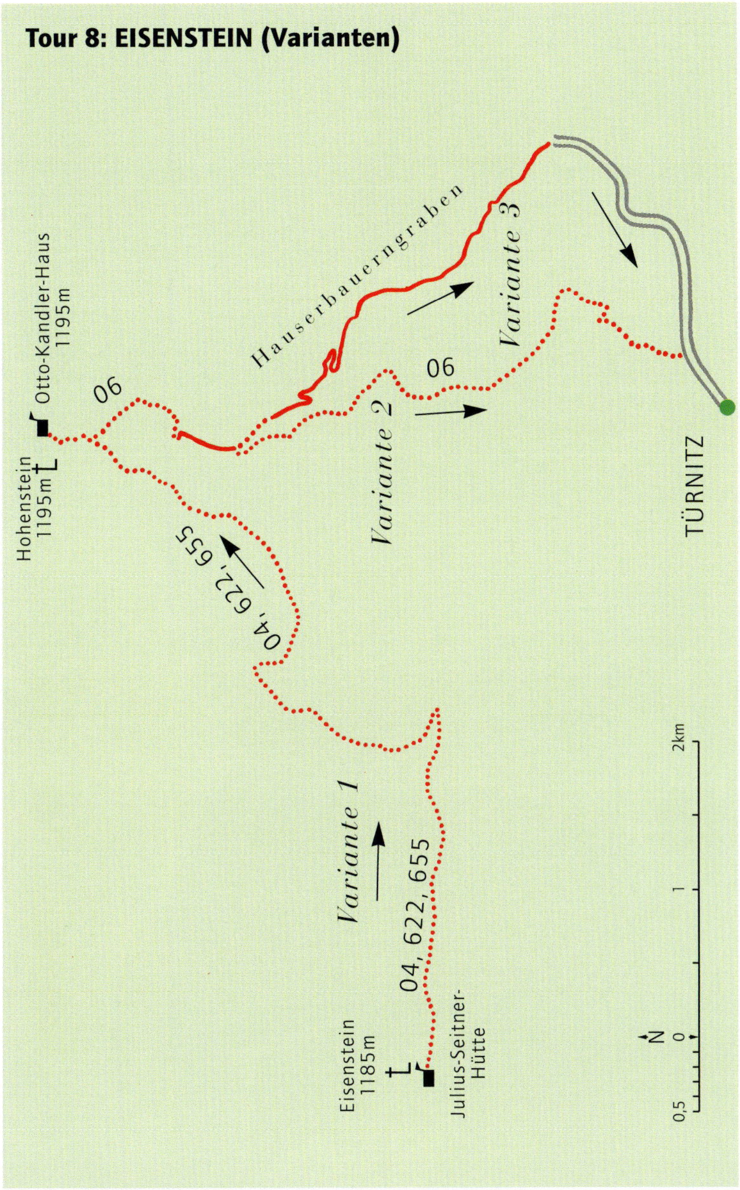

NATURDENKMAL
FALKENSCHLUCHT
BEGEHEN
DER SCHLUCHT NUR
AUF EIGENE GEFAHR
STEGE U. BRÜCKEN
NUR
EINZELN BEGEHEN

Tirolerkogel 1377 m

Tour 9

Gebiet:	Türnitzer Alpen
Charakteristik:	Harmonische Rundwanderung auf einen Voralpenklassiker
Talort:	Türnitz, 466 m
Ausgangspunkt:	Karnerhöfe, 500 m, im Tal der Traisen südlich von Türnitz

Route: Von den Karnerhöfen wandern wir auf guter Forststraße, dann auf einem Waldweg hinauf zur Österleinbrunnhütte, südlich unterhalb des Schafkogels, 1069 m. Nun in südlicher Richtung am Waldkamm bergan zu den freien Almflächen der „Kalten Kuchl", 1339 m, und über den Höhenrücken geradeaus zum höchsten Punkt mit dem Annabergerhaus. Vom Gipfel Abstieg zum Lackenkogel, 1194 m, und in der Folge durch das Dachsental hinunter zu einer breiten Forststraße. Diese erreichen wir kurz unterhalb der Falkenschlucht. Auf der Forststraße längs dem Retzbach, vorbei am felsigen Durchlaß des „Eisernen Tores", wieder zurück zum Ausgangspunkt.
Variante: Aufstieg von Annaberg über die Postalm. Kurze Tour mit Möglichkeit der Umrundung des Scheiblingberges, 1233 m.

Höhenmeter:	910
Zeit:	3 / 4,5–5 Stunden
Stützpunkt:	Annabergerhaus, 1377 m
Karte:	ÖK 1: 50.000, Blatt 73
Sehenswertes:	Falkenschlucht, Nixhöhle

Der Tirolerkogel zählt zu den bekanntesten Berggipfeln in den Türnitzer Alpen. Zwischen Türnitz und Annaberg gelegen, gewährt er im Sommer und im Winter genußreiche Wanderungen. Speziell die Route durch die Falkenschlucht ist aufgrund der wildromantischen Landschaft besonders loh-

nend. Das einst den Flammen zum Opfer gefallene Annabergerhaus ist längst wiederaufgebaut und lädt direkt am Gipfel zu Speis und Trank ein.

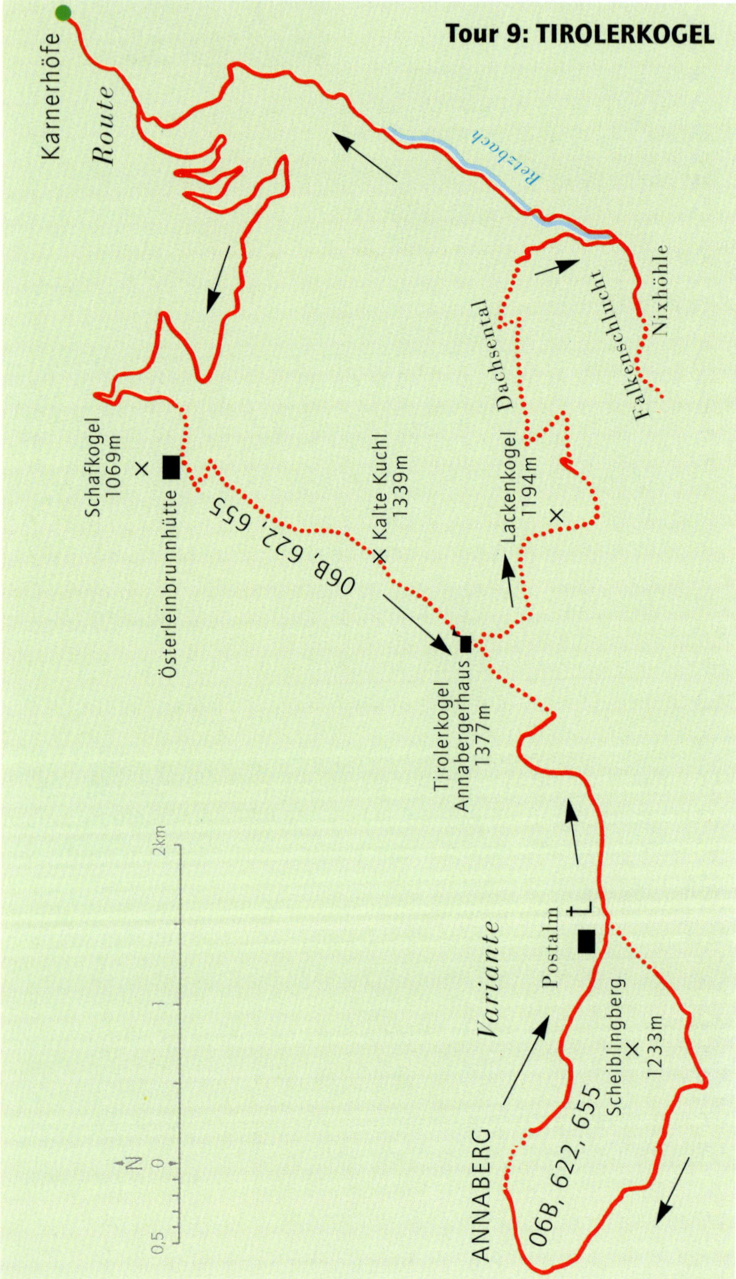

Großer Ötscher

1893 m

Tour 10

Gebiet:	Ybbstaler Alpen
Charakteristik:	Hochalpine Tour, die Trittsicherheit und Schwindelfreiheit voraussetzt
Talort:	Lackenhof, 810 m
Ausgangspunkt:	Ende der Zufahrtsstraße über Ötscherwiese zum Forsthaus Raneck, 953 m

Route: Vom Forsthaus Raneck auf der Forststraße zur Nestelbergsäge und weiter zu einer Wegkreuzung „Bärenlacken", 944 m. In Richtung Süden durch Wald steil aufwärts zum Beginn des „Rauhen Kammes". Über diesen in leichter Kletterei, manchmal etwas ausgesetzt, zur Gipfelfläche und flach hinüber zum höchsten Punkt. Abstieg zur Bergstation des Ötscherliftes beim Ötscherhaus, 1418 m, und weiter in den Sattel zwischen Kleinem und Großem Ötscher, „Die Riffel", 1284 m. Über den Riffelboden Abstieg nach Lackenhof.
Variante: Man kann auch durch die Ötschergräben über die Südseite zum Beginn des Rauhen Kammes aufsteigen. Ausgangspunkt dafür ist der Erlaufboden. Diese Route zeigt sich landschaftlich von der besten Seite, eine gehörige Portion an Ausdauer ist jedoch erforderlich. Manchmal ist diese Tour wegen Unwetterschäden nicht begehbar, daher vorher Erkundigung einholen.

Höhenmeter:	950
Zeit:	3 / 5 Stunden
Stützpunkt:	Ötscherhaus, 1418 m
Karte:	ÖK 1: 50.000, Blatt 72
Sehenswertes:	Erlaufsee, Tormäuer

Der Ötscher ragt als stolzer Gipfel aus den Ybbstaler Alpen heraus. Hinter den Waldhügeln der Eisenwurzen bildet dieser Berg eine Art alpines

Wahrzeichen und ist schon von der Westautobahn gut sichtbar. Im Winter kennt man Lackenhof mit den Ötscherliften als Zentrum des Schilaufs, und im Sommer bietet dieser Ort viele interessante Bergwanderungen. Dabei stellt der Anstieg über den „Rauhen Kamm" eine hochalpine Möglichkeit dar. Trittsicherheit und Schwindelfreiheit sind am Grat unbedingt erforderlich. Passen jedoch das Wetter und die Bedingungen, dann steht einer außerordentlich genußvollen Bergtour nichts mehr im Wege.
Als besondere Attraktion gilt die Wanderung durch die Ötschergräben. Entlang steil aufstrebender Felsbastionen, welche von den nördlich gelegenen Tormäuern vorgegeben werden, geht es längs der Erlauf taleinwärts. Die langgezogene, wildromantische Route bietet jedem Naturfreund unvergeßliche Eindrücke.

Der „Vaterberg" des Alpenvorlandes: Blick auf den Großen Ötscher

Tour 10: GROSSER ÖTSCHER

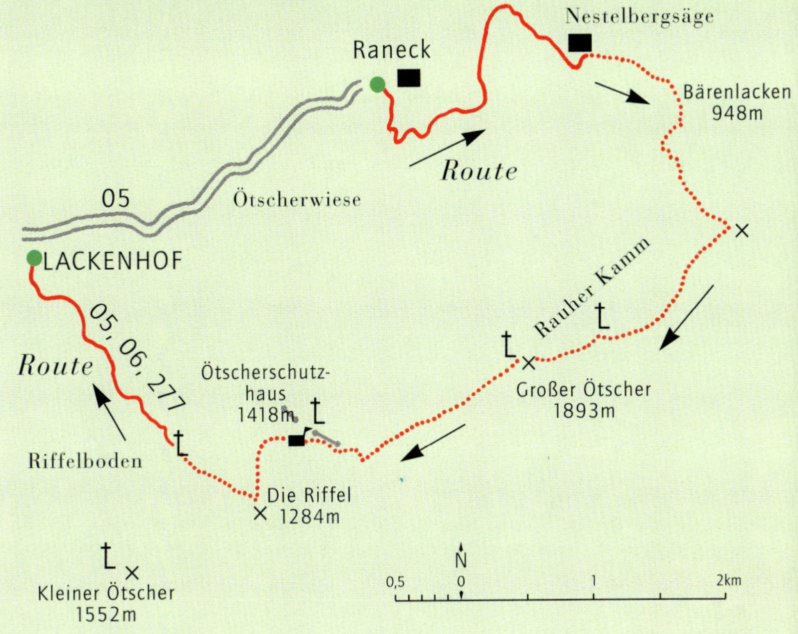

Tour 10: GROSSER ÖTSCHER (Variante)

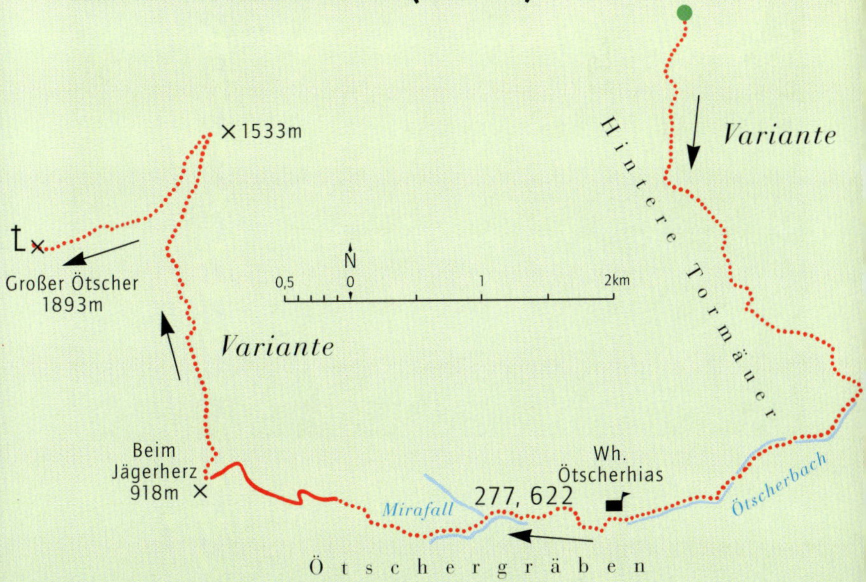

Oben: *Der Gipfel des Großen Ötschers über dem Nebelmeer*
Unten: *Gute Kondition, Trittsicherheit und Schwindelfreiheit sind für den Anstieg über den „Rauhen Kamm" unbedingt erforderlich.*

Dürrenstein
1878 m

Tour 11

Gebiet:	Ybbstaler Alpen
Charakteristik:	Lange, landschaftlich hervorragende Rundtour
Talort:	Lunz, 601 m
Ausgangspunkt:	Lunzer See, Schloß Seehof, 618 m

Route: Vom Seehof nach Süden auf guter Forststraße durch das Seetal zum Mittersee und vorbei am Ludwigfall hinauf zum Obersee, 1113 m. Nun in einem Rechtsbogen, vorbei an der Jägermauer, zum Kleinen Dürrenstein empor, 1624 m. In Richtung Südwesten über die freien Flächen zum höchsten Punkt. Vom Gipfel in Richtung Norden Abstieg zur Oberen Stangelaualm, 1440 m, und weiter zur Ybbstaler Hütte, 1344 m. Hier wenden wir uns nach Nordosten und wandern über die Gstettner Alm ins Felsengebiet der Sonnwendmauer, 1320 m. Durch dieses felsige Areal hinunter in den Lehnergraben und hinaus nach Lehen an der Bundesstraße. Ein Wanderweg führt von hier über Pauschenreith zum Lunzer See zurück.
Variante: Die Tour ist auch in umgekehrter Richtung möglich.

Höhenmeter:	1250
Zeit:	4 / 6–8 Stunden
Stützpunkt:	Ybbstaler Hütte, 1344 m
Karte:	ÖK 1: 50.000, Blatt 71
Sehenswertes:	Lunzer See und Lunz

Oberhalb des Lunzer Sees erhebt sich in erhabener Größe der Dürrenstein. In unmittelbarer Nähe befindet sich das Hochkar als Wintersportzentrum. Die Orte Lunz und Göstling bilden die günstigsten Ausgangspunkte.
Die Route zum Dürrenstein ist nicht schwer, sollte aber in der Länge und bei Nebel nicht unterschätzt werden.

Tour 11: DÜRRENSTEIN

Großer Zellerhut

1639 m

Tour 12

Gebiet:	Ybbstaler Alpen
Charakteristik:	Abwechslungsreiche Bergtour auf einen Gipfel mit herrlichem Rundblick
Talort:	Mariazell, 868 m
Ausgangspunkt:	Hotel Marienfall in der Grünau, 836 m

Route: Von der Grünau auf einer Forststraße durch den Seewirtgraben zum „Jagermichl" (Kreuz). Weiter auf einem Waldsteig steil ansteigend zu den Felsen der Hutmäuer und in den Zellersattel, 1449 m, zwischen Roßkogel und Mittlerem Zellerhut, 1587 m. Südlich am Mittleren Zellerhut vorbei und in Richtung Westen zum höchsten Punkt. Abstieg wie Aufstieg oder vom Zellersattel nach Osten auf den Vorderen Zellerhut, 1628 m. Dann südlich am Hochkogel, 1606 m, vorbei zum Feldhüttl. Kurz danach wird der Ochsenboden mit einer auffallenden Wegkreuzung erreicht. Weiterer Abstieg nach Norden durch den Rehgraben, der uns wieder in die Grünau hinunterführt.
Variante: Vom Ochsenboden über den Hammersteig zum Köckensattel, 1092 m, und durch Wald auf einem Ziehwege hinunter zur Teichmühle, kurz vor Mariazell.

Höhenmeter:	800
Zeit:	2,5 / 3–4,5 Stunden
Stützpunkte:	Keine
Karte:	ÖK 1: 50.000, Blatt 72
Sehenswertes:	Mariazell, Wallfahrtskirche, Erlaufsee

Neben der Gemeinde- und Bürgeralpe ragen die drei Zellerhütte als markante Berggestalten bei Mariazell in die Höhe. Obwohl auf den ersten Blick die Nordseite abweisend und schroff erscheint, ergeben sich interessante Routen. Der Wallfahrtsort Mariazell mit seiner berühmten Kirche bildet dabei den Talort. Nach getaner Tour ist es also lohnend, Mariazell noch einen Besuch abzustatten. Neben der Wallfahrtskirche bilden die vielen Buden und Stände ein idyllisches Bild, das zum Verweilen und Besichtigen einlädt. Aber auch die Gasthöfe und Konditoreien locken mit erlesenen Köstlichkeiten.

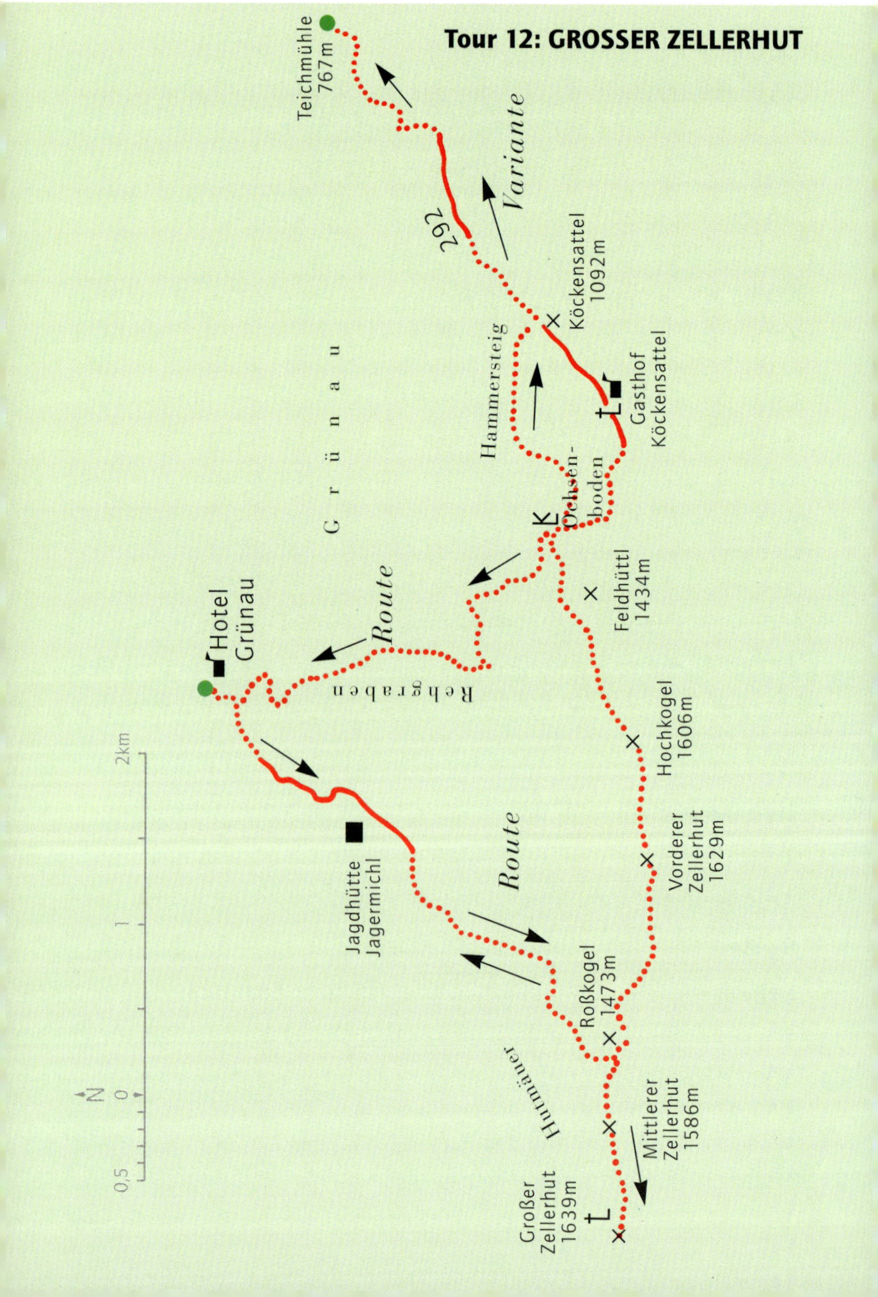

Tour 13

Göller
1766 m

Gebiet:	Mürzsteger Alpen
Charakteristik:	Steile Bergwanderung auf einen herrlichen Aussichtspunkt
Talort:	St. Aegyd am Neuwalde, 588 m
Ausgangspunkt:	Paßhöhe Gscheid, 963 m

Route: Vom Gscheid auf markiertem Waldweg über einen Waldkamm, der den Göllergraben östlich begrenzt, über den Gsenger, 1442 m und den anschließenden steilen Gipfelkamm, hinauf zum höchsten Punkt. Abstieg wie Aufstieg.
Variante: Von Kernhof, 690 m, südlich von St. Aegyd, auf einem Waldweg hinauf zum Waldhüttsattel, 1266 m. Über das Göllerhaus und den anschließenden Kammverlauf des Kleinen Göllers hinauf zum Großen Göller (1080 Höhenmeter). Diese Route ist länger, landschaftlich aber sehr empfehlenswert.

Höhenmeter:	800
Zeit:	2-2,5 / 3,5-4 Stunden
Stützpunkte:	Keine
Karte:	ÖK 1: 50.000, Blatt 73
Sehenswertes:	Hubertussee, etwas westlich vom Gscheid

Zwischen Kernhof und dem Lahnsattel ragt der Göller steil in den Himmel. Er ist ein vielbesuchter Gipfel, wenngleich nur drei markierte Aufstiegsmöglichkeiten bestehen. Ausdauernde Bergsteiger können auch die wunderbare Überschreitung zum Gippel durchführen. Über Schnalzstein, Gamsmauer und Pollwischalm verläuft die Route. Der Abstieg führt dann über das Gippeltörl und den Treibersteig nach Weißenbach. Alles in allem eine alpine Unternehmung, die von herrlichen Landschaftseindrücken begleitet wird.

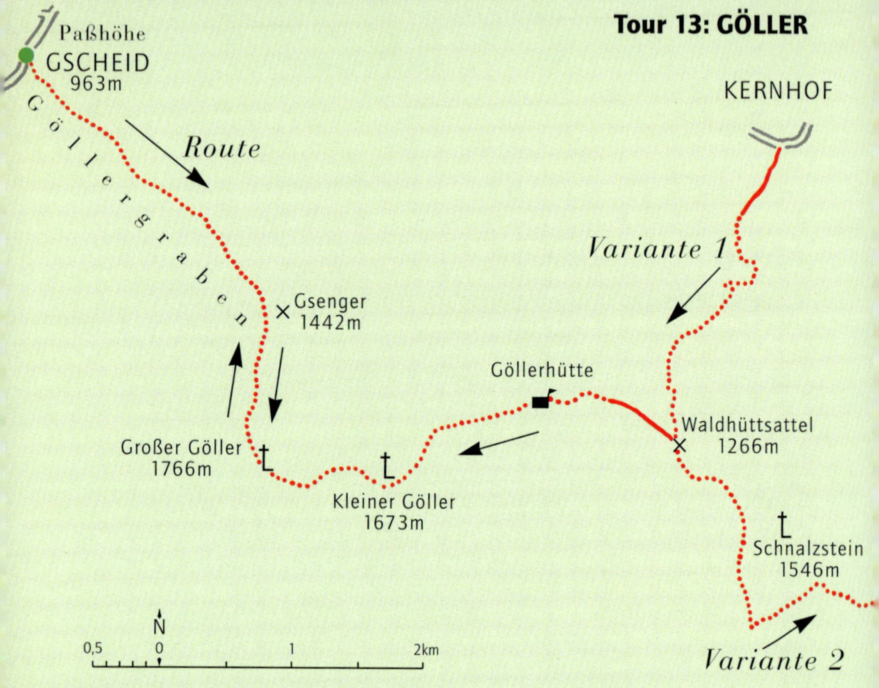
Tour 13: GÖLLER
Paßhöhe
GSCHEID
963m
Göllergraben
Route
KERNHOF
Variante 1
Gsenger
1442m
Göllerhütte
Waldhüttsattel
1266m
Großer Göller
1766m
Kleiner Göller
1673m
Schnalzstein
1546m
Variante 2
N
0,5
0
1
2km

WEISSENBACH
Variante 2
Tour 13: GÖLLER
622, 655
N
0,5
0
1
2km
Ursprungskogel
959m
Treibersteig
Anschluß
Göller-Gippel-
Überschreitung
Gippel
1669m
Gippeltörl
Schnalzstein
1546m
622, 655
Gamsmauer
Pollwischalm

Tour 14

Obersberg
1467 m

Gebiet:	Mürzsteger Alpen
Charakteristik:	Wanderung auf einen Waldberg mit freiem Gipfel und herrlichem Ausblick
Talort:	Schwarzau im Gebirge, 617 m
Ausgangspunkt:	Kirche in Schwarzau

Route: Von der Kirche wandern wir auf markiertem Waldweg, südlich unterhalb des Hirschkogels (927 m) vorbei bis hinauf zum Gipfel mit der Waldfreundehütte. Abstieg wie Aufstieg.
Variante: Der längere Aufstieg führt vom ehemaligen Gasthof Triebl im Preintal über den Preinecksattel, den Preineckkogel, 1449 m, und der sich anschließenden Mistelbacher Höhe zum höchsten Punkt. Sehr lohnend ist die Verbindung beider Routen als Rundtour, wobei in diesem Fall 2 Autos empfehlenswert sind.

Höhenmeter:	850
Zeit:	2-2,5,5 / 3,5-4 Stunden
Stützpunkt:	Waldfreundehütte, 1467 m
Karte:	ÖK 1: 50.000, Blatt 74
Sehenswertes:	Naturpark in Schwarzau

Zwischen Schneeberg und Gippel erhebt sich der Obersberg aus dem Schwarzatal. Sein freier Waldgipfel wird gerne besucht und bietet eine schöne Aussicht zu seinen Bergnachbarn.

Tour 14: OBERSBERG

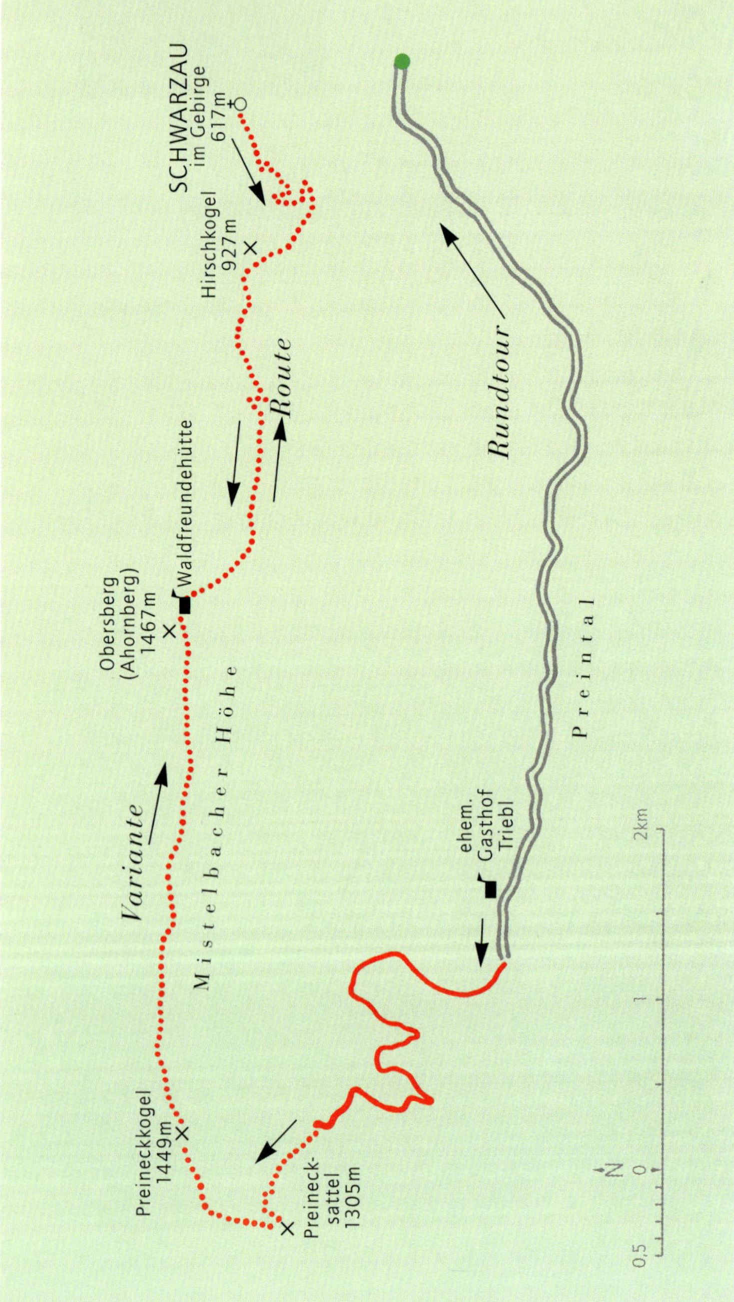

Oben: *Im Schneeberggebiet: Die markante Steilrinne der Breiten Ries ist ein besonderer Anziehungspunkt für Schibergsteiger.*
Unten: *Der bequemste Weg auf den Schneeberg: eine Fahrt mit der Zahnradbahn*

Tour 15

Schneeberg
2076 m

Gebiet:	Rax und Schneeberggruppe
Charakteristik:	Hochalpine Bergtour, die Trittsicherheit voraussetzt
Talort:	Puchberg am Schneeberg, 598 m
Ausgangspunkt:	Losenheim, Talstation Sessellift, 885 m

Route: Von Losenheim wandern wir auf der Schipiste hinauf zur Sparbacherhütte, 1248 m. Nun in Richtung Süden über den steilen und felsigen Fadensteig weiter zum Hochplateau, 1722 m. Über die freien Kammflächen auf dem markierten Weg zur Fischerhütte, 2049 m, am Kaiserstein. Über eine kurze Kammlinie erreichen wir schließlich den höchsten Punkt, das Klosterwappen, 2076 m. Nach einer gemütlichen Einkehr in der Fischerhütte steigen wir entweder durch den Wurzengraben oder auf einem Rücken ab, der den Wurzengraben nördlich begrenzt. Über beide Abstiege erreichen wir die Heinrich-Krempel-Hütte, 1561 m. Von hier in nördlicher Richtung, vorbei am Fleischer-Gedenkstein durch eine idyllische Waldzone bis hinaus zu einer Forststraße. Dieser folgen wir talwärts, bis schließlich bei einem Wegweiser ein Waldweg rechts abzweigt. Über diesen zurück zur Sparbacherhütte und auf der Schipiste hinunter nach Losenheim.

Variante: Von der Fischerhütte ist es auch möglich, über das Damböckhaus, 1810 m, zum Berghotel Hochschneeberg (Bergstation der Zahnradbahn), 1796 m, abzusteigen. Von hier entweder längs der Bahngeleise zu Fuß oder bequemer mit der Bahn ins Tal. Selbstverständlich kann diese Variante auch in umgekehrter Richtung erfolgen (rechtzeitig Bahnkarten lösen!).

Links: *Über die freien Kammflächen auf dem Hochplateau des Schneebergs führt der markierte Weg in Richtung Klosterwappen.*

Höhenmeter:	1200
Zeit:	3-3,5 / 5-6 Stunden
Stützpunkte:	Edelweißhütte, 1235 m, Sparbacherhütte, 1248 m, Fischerhütte, 2049 m, Heinrich-Krempel-Hütte, 1561 m
Karten:	ÖK 1: 50.000, Blatt 74, 75
Sehenswertes:	Puchberg am Schneeberg

Mit dieser Tour stehen wir auf dem höchsten Berg Niederösterreichs und östlichsten Zweitausender der Alpen. Als mächtige alpine Gestalt erhebt sich der Schneeberg aus der Ebene. Seine Ostseite wird durch einige markante Steilrinnen, wie die Lahningries oder die Breite Ries, durchzogen. Speziell im Frühjahr tummeln sich hier viele Schibergsteiger. Außerdem offeriert die Ostseite auch etliche lohnende Kletterrouten wie den Bürklesteig oder den Gamsgartelgrat.
Die Südseite des Schneeberges fällt ebenfalls mit Steilrinnen ab und findet ihr Ende im Höllental. Die Stadelwand mit dem Stadelwandgrat gilt dabei als beliebtes Kletterziel.
Durch seine exponierte Lage und den hochalpinen Charakter darf dieser Berg niemals unterschätzt werden. Eine lange Unfallstatistik kündet von vielen tragischen Vorfällen, welchen Leichtsinn und Übermut zugrunde lagen.
Besonders beliebt ist die Auffahrt mit der Zahnradbahn. Vom Bahnhof Puchberg schnauft die Dampflok die steile Strecke bergauf bis zur Bergstation am Berghotel Hochschneeberg. Bedingt durch diesen leichten Aufstieg, wird leider immer wieder mit nur ungenügender Ausrüstung der Aufstieg fortgesetzt. Es sei hier nochmals gesagt: Der Schneeberg verlangt auch im Hochsommer eine gute Bergausrüstung!

Tour 15: SCHNEEBERG

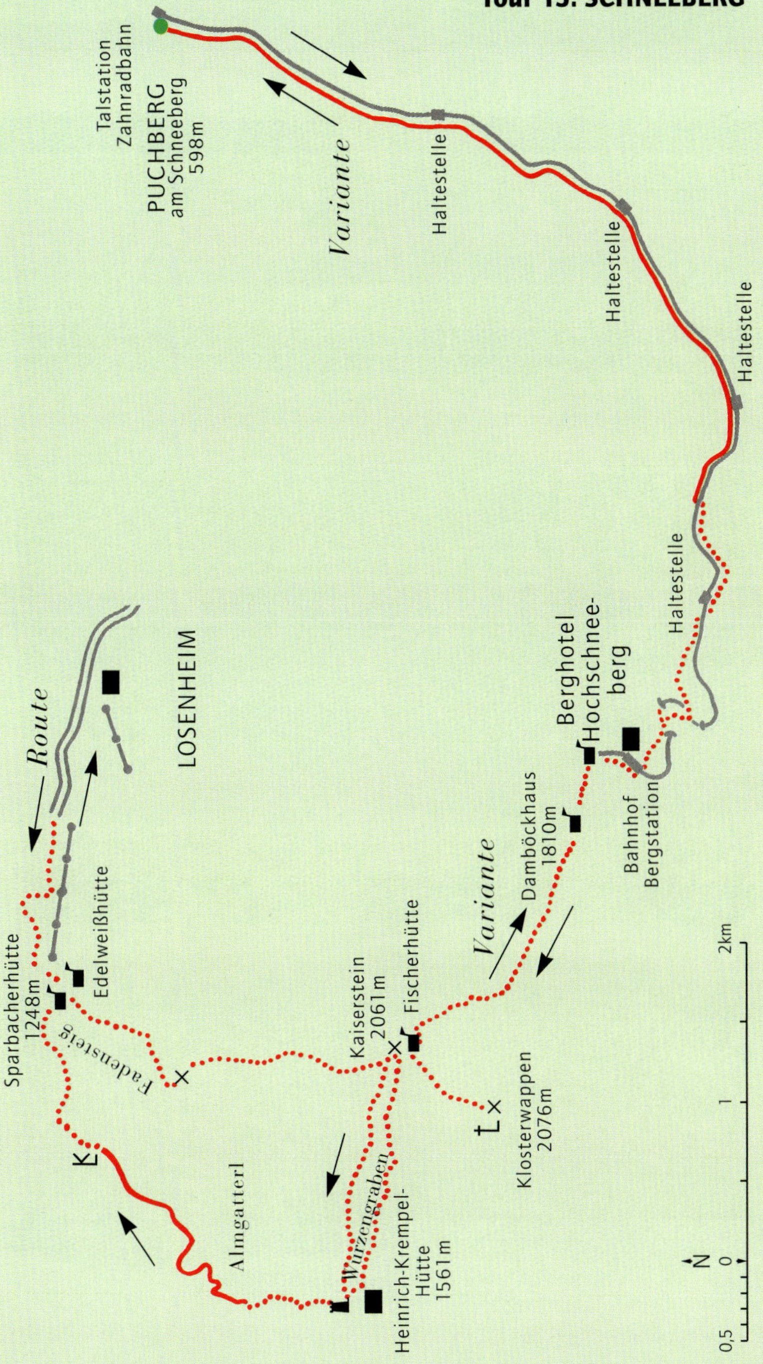

Oben: *Das Schneebergplateau mit dem Klosterwappen, 2076 m*
Unten: *Hochalpines Wandern auf dem höchsten Berg Niederösterreichs: am Nördlichen Grafensteig in der Breiten Ries*

Schneebergumrundung

Tour 16

Gebiet:	Rax und Schneeberggruppe
Charakteristik:	Sehr lange Bergwanderung, die gute Ausdauer voraussetzt
Talort:	Puchberg am Schneeberg,598 m
Ausgangspunkt:	Losenheim, Talstation Sessellift, 885 m

Route: Von Losenheim wandern wir auf der Schipiste hinauf zur Edelweißhütte, 1235 m. Hier zweigen wir dann in südöstlicher Richtung ab und wandern den Nördlichen Grafensteig entlang. In der Folge passieren wir die Ausläufer der Lahningries, der Roten Schütt, der Breiten Ries, der Krummen Ries, des Schneidergrabens und gelangen schließlich zur Zahnradbahn, kurz oberhalb der Haltestelle „Baumgartner". Hier beginnt nun der Südliche Grafensteig, dem wir unterhalb der Kuhplagge in den Großen Saugraben und in die Heuplagge folgen. Weiter geht es immer auf dem gut markierten Weg über den Salzriegel, 1607 m, und den Hüttenbödel, 1536 m, zu den Felsen der Königschußwand. Oberhalb der Stadelwand leitet uns die Wegführung mit herrlichen Ausblicken dann mittels eines kurzen Abstechers hinüber zur Kientalerhütte, 1416 m, kurz unterhalb des Turmsteins. Weiter auf dem schönen Wanderweg zum Fleischer-Gedenkstein und durch ein idyllisches Waldstück zu einer Forststraße. Dieser folgen wir talwärts, bis schließlich bei einem Wegweiser ein Waldweg rechts abzweigt. Über diesen zurück zur Edelweißhütte und auf der Schipiste hinunter nach Losenheim.

Variante: Die Tour kann durch Aufstiege vom Nördlichen Grafensteig durch den Schneidergraben oder über den Oberen Herminensteig abgekürzt werden. Vom Südlichen Grafensteig kann man über die Schönleiten ebenfalls zum Klosterwappen aufsteigen.

Höhenmeter:	1800
Zeit:	8–10 Stunden
Stützpunkte:	Edelweißhütte, 1235 m, Station Baumgartner, 1394 m, Kientalerhütte 1380 m, Sparbacherhütte, 1248 m
Karten:	ÖK 1: 50.000, Blatt 74, 75
Sehenswertes:	Puchberg am Schneeberg

Tour 16: SCHNEEBERGUMRUNDUNG

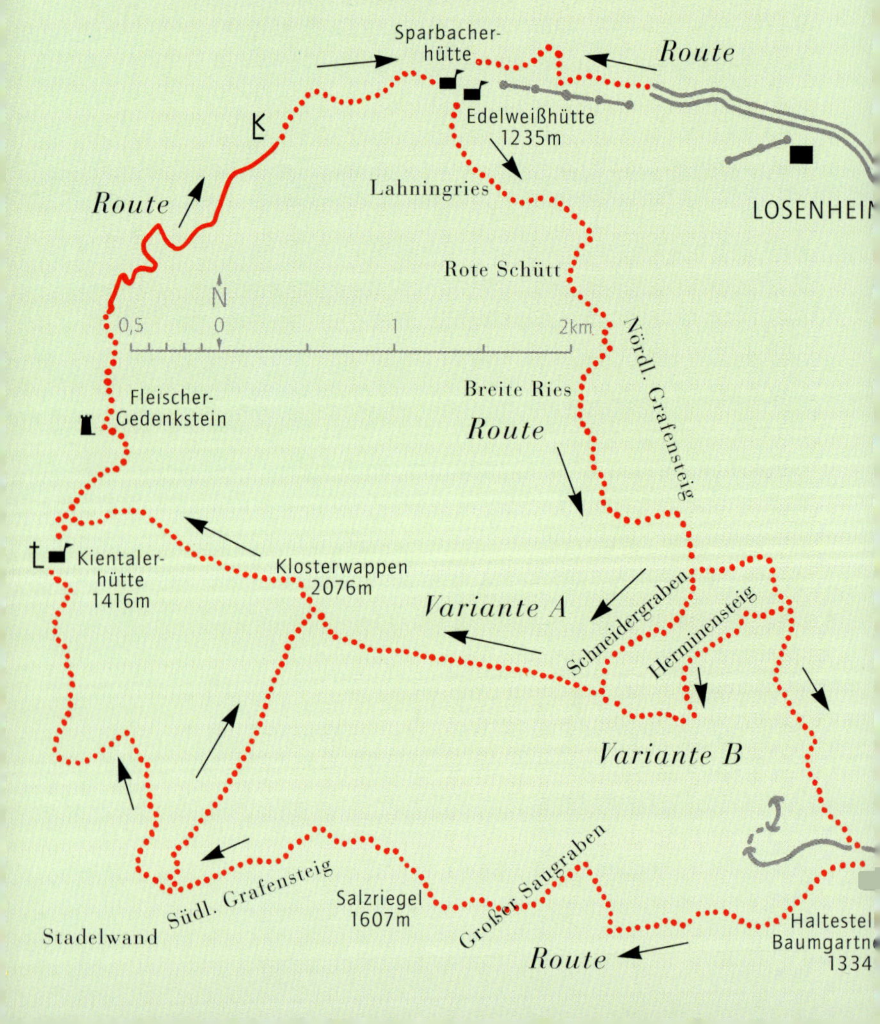

Heukuppe
2007 m

Gebiet:	Rax und Schneeberggruppe
Charakteristik:	Sehr schöne, etwas anstrengende Bergwanderung. Wird über den Karl-Kantner-Steig aufgestiegen, so ist unbedingt Trittsicherheit und Klettergeschick erforderlich. Klettersteigsicherung verwenden.
Talort:	Prein an der Rax, 680 m
Ausgangspunkt:	Preiner Gscheid, 1070 m

Route: Vom Preiner Gscheid (Liftparkplatz) wandern wir auf der Schipiste hinein in den Siebenbrunnenkessel (markanter Felsblock). Weiter taleinwärts zum Beginn eines auffallenden Grabens. Nun entweder über den Karl-Kantner-Steig (versicherter Klettersteig!) oder auf dem Schlangenweg in Kehren hinauf zum Karl-Ludwig-Haus, 1804 m. Von hier über die freien Flächen zum höchsten Punkt, Heukuppe, 2007 m. Abstieg über den Schlangenweg.
Variante: Vom Karl-Ludwig-Haus in Richtung Nordosten hinauf zum Predigtstuhl, 1902 m, und Abstieg über den Waxriegel zum Waxriegelhaus. In den Siebenbrunnenkessel und auf der Schipiste zurück zum Preiner Gscheid.

Höhenmeter:	950
Zeit:	3–3,5 / 4–5 Stunden
Stützpunkte:	Waxriegelhaus, 1361 m, Karl-Ludwig-Haus, 1804 m
Karte:	ÖK 1: 50.000, Blatt 104
Sehenswertes:	Payerbach-Reichenau, Villa Wartholz, Kletschka-Aussicht, Höllental

Gleich gegenüber dem Schneeberg, nur durch das Höllental getrennt, erstreckt sich der hochplateauartige Kalkstock der Rax. Auch die Rax

ist ein exponierter Berg, der nach allen Seiten hin steil abfällt. Viele Klettertouren und versicherte Steige (Alpenvereinssteig, Gaisloch, ...) bietet dieses Gebiet. Steilrinnen wie am Schneeberg locken im Frühjahr die Schibergsteiger an, um ungetrübte Firnabfahrten zu erleben.
Das Hochplateau eignet sich hervorragend zum Wandern. Die Routen können gut miteinander kombiniert werden, und gemütliche Berghütten sorgen für eine angemessene Stärkung.

Tour 17: HEUKUPPE

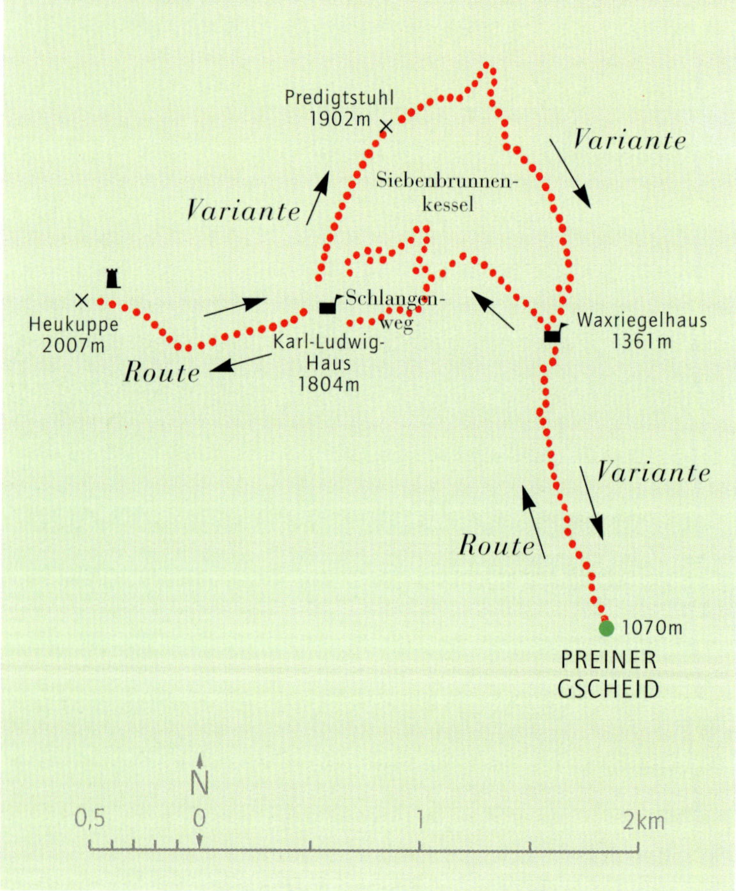

Oben: *Das Karl-Ludwig-Haus auf dem Hochplateau der Rax*
Unten: *Blick in die steil abfallende Preinerwand*

Oben: *Auf dem Gipfel des Turntaler Kogels in den Mürzsteger Alpen: Blick auf das mächtige Massiv des Hochschwabs*
Unten: *Frühwinterstimmung auf der Schneealpe*

Rax-überschreitung

Tour 18

Gebiet:	Rax und Schneeberggruppe
Charakteristik:	Lange Plateauwanderung mit herrlichen Ausblicken
Talort:	Hirschwang an der Rax, 508 m
Ausgangspunkt:	Talstation der Rax-Seilbahn

Route: Auffahrt mit der Rax-Seilbahn. Von der Bergstation, 1547 m, wandern wir hinüber zum Otto-Haus, 1644 m. Nun folgen wir dem markierten Weg in südwestlicher Richtung über den Jakobskogel, 1736 m, die Hohe Kanzel, 1699 m, hinüber zur Preiner Wand, 1783 m. Abstieg zur Seehütte (Holzknechthütte), 1643 m, und erneuter Aufstieg zum Predigtstuhl, 1902 m. Kurzer Abstieg zum Karl-Ludwig-Haus, 1804 m, und über die freien Flächen hinauf zur Heukuppe, 2007 m. Vom Gipfel wieder zurück zum Karl-Ludwig-Haus und am Wanderweg westlich unterhalb des Trinksteinbodens in nördlicher Richtung zum Trinksteinsattel, 1850 m. Abstieg zur Seehütte und auf dem Seeweg durch die Grünschachen (Latschengebiet) in einem Rechtsbogen zurück zum Otto-Haus. Entweder Abstieg über den Törlweg nach Knappenberg (Hotel Knappenhof) oder wieder mit der Seilbahn ins Tal.
Variante: Von der Seehütte in nördlicher Richtung zur Wolfgang-Dirnbacher-Hütte, 1477 m, und weiter durch das Gaisloch (versicherter Klettersteig!) Abstieg ins Große Höllental. Sehr lohnende Route, die jedoch Trittsicherheit und Klettergeschick voraussetzt (Klettersteigsicherung!).

Höhenmeter:	570
Zeit:	6–8 Stunden
Stützpunkte:	Otto-Haus, 1644 m, Seehütte, 1643 m, Karl-Ludwig-Haus, 1804 m
Karte:	ÖK 1: 50.000, Blatt 104
Sehenswertes:	Höllental, sonst wie Tour 14 und 17

Tour 18: RAXÜBERSCHREITUNG

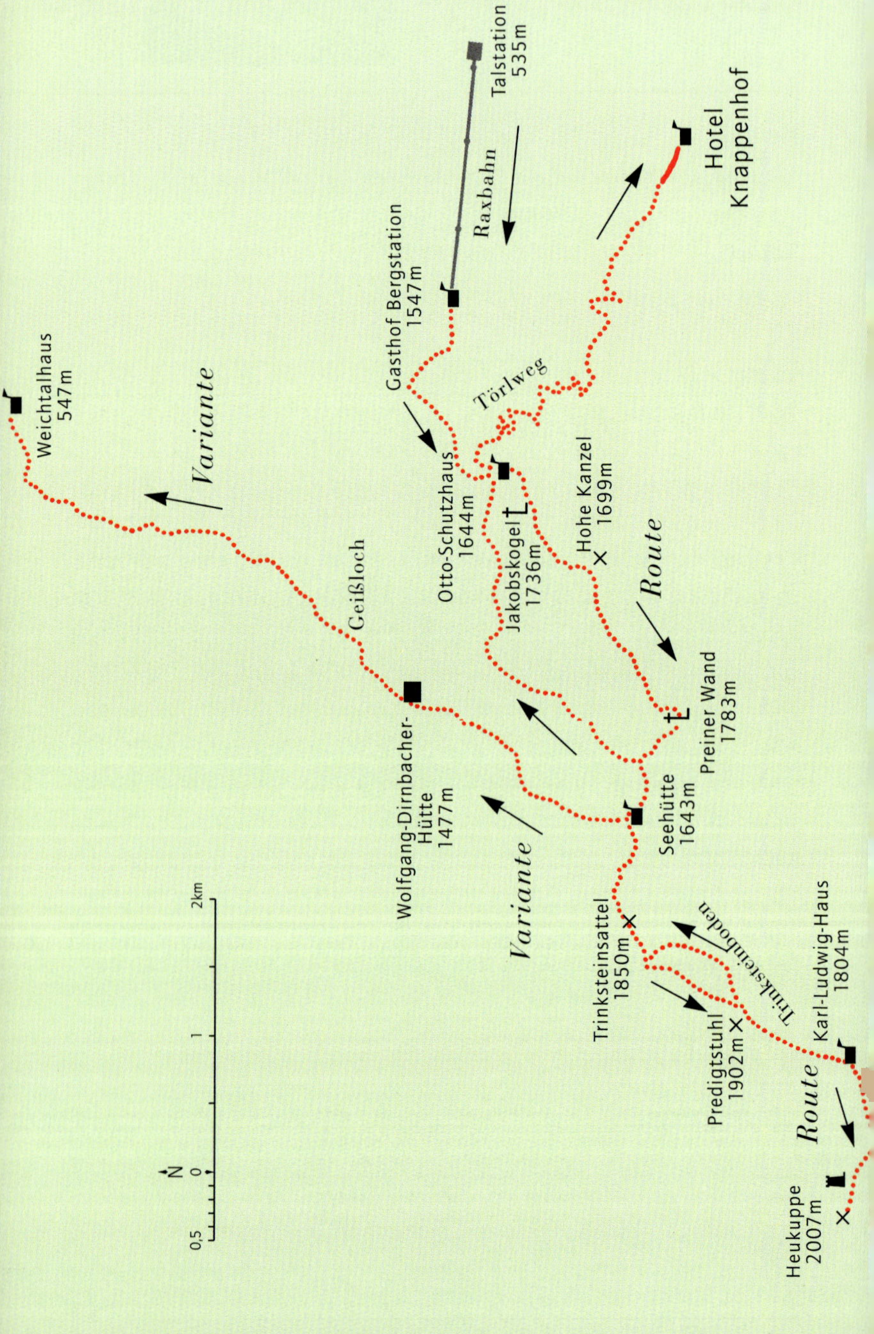

Schneealpe
1903 m

Tour 19

Gebiet:	Mürzsteger Alpen
Charakteristik:	Bergtour mit steilem Anstieg und gemütlichem Abstieg
Talort:	Kapellen, 703 m
Ausgangspunkt:	Altenberg an der Rax, Gasthof Paier, 782 m

Route: Von Altenberg folgen wir einer Zufahrtsstraße zum Lurgbauer im Lohmgraben und gelangen in der Folge über einen Ziehweg zum Beginn des felsigen Steiges. Auf diesem in Kehren steil bergan bis zur Hochfläche. Diese erreichen wir kurz vor dem Schneealpenhaus, 1784 m. Geradeaus weiter über die freien Wiesenflächen zur Rinnhoferhütte, 1733 m. In Richtung Norden über einen Bergrücken zum höchsten Punkt, Windberg, 1903 m. Rückkehr zur Rinnhoferhütte und auf dem Wanderweg in Richtung Süden zur Kutatschhütte (Unterstandshütte), kurz vor dem Sender, 1660 m. Auf der breiten Forststraße, diese dann auf einem Waldweg abkürzend, steigen wir bis zu einem Wegweiser an einer markanten Weggabelung ab, 1106 m, „Auf der Öd". Hier nun nach links und auf einem Waldweg, nördlich am Bohnkogel, 1094 m, vorbei zum Lurgbauer im Lohmgraben. Durch den Lohmgraben zurück nach Altenberg.

Variante: Es ist auch möglich, eine Rundtour aus dem Altenbergtal über den Naßkamm und die Lurgbauerhütte auf die Schneealpe zu unternehmen.

Höhenmeter:	1100
Zeit:	3-4 / 5-6 Stunden
Stützpunkte:	Schneealpenhaus, 1784 m Rinnhoferhütte, 1733 m
Karte:	ÖK 1: 50.000, Blatt 104
Sehenswertes:	Schi- und Heimatmuseum in Mürzzuschlag

Der Naßkamm bildet die Verbindung zwischen Rax und Schneealpe. Auch der hochalpine Charakter setzt sich fort. Von allen Seiten zeigt sich die Schneealpe mit schroffen Felsen und steilen Rinnen. Das Mürztal ergibt sich als Ausgangspunkt und eröffnet einige lohnende Anstiege. Auf der Hochebene wird die Schneealpe dann sanft, und der Windberg kann gemütlich erstiegen werden.

Tour 19: SCHNEEALPE

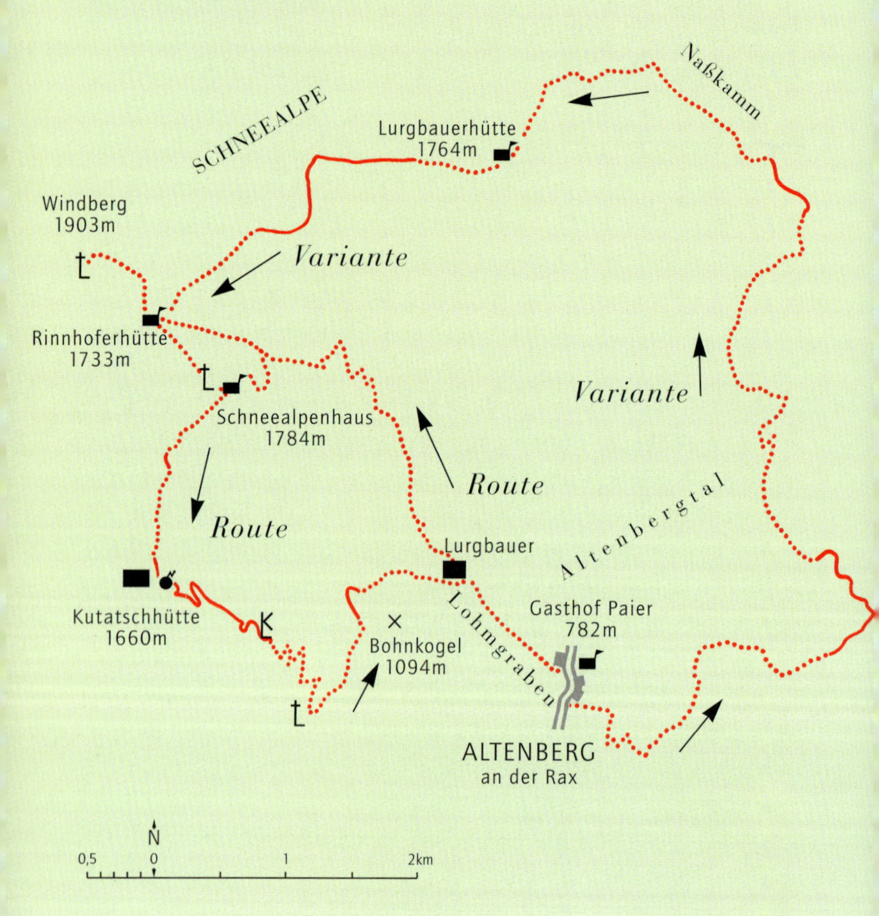

Oben: *Auf dem höchsten Punkt der Schneealpe, dem Windberg, 1903 m*
Unten: *Blick von der Schneealpe zur Rax*
Nächste Doppelseite: *Alpines Wandervergnügen zu jeder Jahreszeit: die Schneealpe*

Oben: *Auch im Winter eine lohnende Bergtour: die Schneealpe mit dem Windberg*
Unten: *Blick über das Schneealpenhaus hinweg zur Heukuppe, dem höchsten Punkt der Rax*

Tour 20

Spielkogel
1599 m

Gebiet:	Mürzsteger Alpen
Charakteristik:	Gemütliche Rundwanderung
Talort:	Neuberg an der Mürz, 730 m
Ausgangspunkt:	Krampen, Innerer Krampengraben, Tirol, 844 m

Route: Aus dem Krampengraben folgen wir einer breiten Forststraße hinauf zum Eisernen Törl, 1346 m. Kurz nach den Felsen bei einem Wegweiser nach rechts und längs der Forststraße zur Jagdhütte im Durchfall und vorbei an der Capellarowiese zur Bodenalm. Hier wenden wir uns mit der Forststraße nach Norden und gelangen in den Taborsattel, südlich des Hohen Waxenegg, 1647 m. Noch ein kurzes Stück auf der Forststraße bis zu ihrem Ende an der Waxenegghütte. Weiter über den Kammverlauf Klobenwände–Hohes Waxenegg, dann auf der Hochfläche in südwestlicher Richtung auf den Spielkogel, 1599 m. Vom Gipfel Abstieg oberhalb der Klobenwände zur Hinteralm, 1442 m. Nach einer kräftigen Stärkung im Hinteralmhaus Übergang in Richtung Süden zum Kerpenstein und über den Oberen Haselboden zu einer breiten Forststraße, die zum Eisernen Törl leitet. Auf der Forststraße wieder zum Ausgangspunkt zurück.
Variante: Der Spielkogel kann auch von der Frein über den Roßkogel oder durch den Alplgraben bestiegen werden.

Höhenmeter:	750
Zeit:	2,5–3 / 4–5 Stunden
Stützpunkt:	Hinteralmhaus, 1442 m
Karte:	ÖK 1: 50.000, Blatt 103
Sehenswertes:	In Mürzsteg das kaiserliche Jagdschloß, in Mürzzuschlag Schi- und Heimatmuseum

Von der Schneealpe findet man in Richtung Westen über das Schönhalteregg die logische Fortsetzung zur Hinteralpe. Abgesehen von einigen Felsformationen zeigt sich die Hinteralpe von der sanften Seite. Das gemütliche Hüttendorf Hinteralm unterstreicht diesen Charakter und vermittelt ein bißchen Bergromantik.

Nach der Wanderung empfiehlt sich in Mürzzuschlag ein Besuch im Schi- und Heimatmuseum, das zahlreiche alpine Raritäten bereithält.

Tour 20: SPIELKOGEL

Großer Königskogel 1574 m

Tour 21

Gebiet:	Mürzsteger Alpen
Charakteristik:	Harmonische Rundtour auf einen schönen, aber nicht so bekannten Berggipfel
Talort:	Mürzsteg, 782 m
Ausgangspunkt:	Frein an der Mürz, 864 m

Route: Von Frein in Richtung Westen auf guter Straße taleinwärts (interessant mit Mountain-Bike) bis zu einer markanten Straßengabelung, 992 m. Hier nach links und auf einer Forststraße durch das Brunntal zur Höhenreithalm, 1169 m. Kurz nach der Alm kommen wir zu einer markanten Wegkreuzung, „Schöneben". Hier wenden wir uns nach Süden und wandern hinauf zur Falbersbachalm und zur Dürriegelalm, 1353 m. Auf einem Ziehweg erreichen wir schließlich die Königsalm unterhalb des Kleinen Königskogels, 1552 m. Über diesen hinauf zum Großen Königskogel, 1574 m. Wieder zurück am Kamm zum Föllbaumkogel, 1494 m, und Abstieg zum „Krautgarten". Ein Waldweg führt von hier in Kehren wieder hinunter ins Brunntal. Auf der breiten Straße zurück nach Frein.
Variante: Aus dem Brunntal kann auch die Tonion, 1699 m, über den Herrenboden bestiegen werden. Unermüdliche Gipfelsammler verbinden die Tonion, Königskogel und Proles in einer Tour miteinander.

Höhenmeter:	750
Zeit:	3 / 4-5 Stunden
Stützpunkte:	Almhütten, wenn bewirtschaftet
Karte:	ÖK 1: 50.000, Blatt 103
Sehenswertes:	Siehe Touren 19 und 20 aus dem Mürztal

Am Talende in der Frein erheben sich einige weniger bekannte, aber lohnende Berggipfel. Proles, Königskogel und Tonion gewähren durchwegs interessante Routenführungen. Zusätzlich kann man über den Freinsattel noch zum Hohen Student aufsteigen. Die Ausblicke sind von allen Gipfeln weitreichend, wobei natürlich der Göller sofort ins Auge springt. Aber auch Veitsch, Hinteralm und Schneealpe sind zum Greifen nahe.

Die gemütliche Rundwanderung auf der Hinteralm erlaubt einen faszinierenden Blick auf den Hochschwab, eine der markantesten Berggestalten der Steiermark.

Tour 21: GROSSER KÖNIGSKOGEL

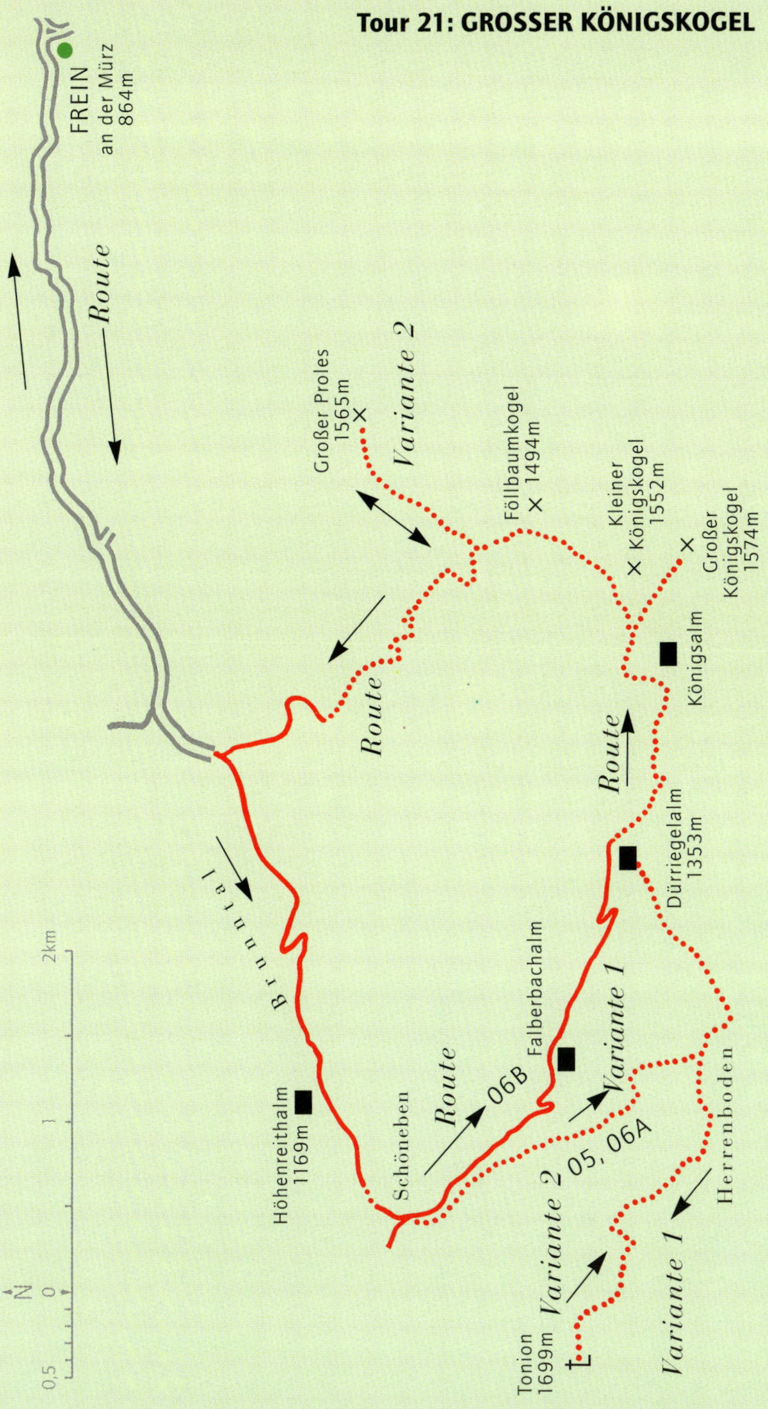

Hohe-Veitsch-Überschreitung
1981 m

Tour 22

Gebiet:	Mürzsteger Alpen
Charakteristik:	Lange Überschreitung mit tollen Aussichten
Talort:	Veitsch, 669 m
Ausgangspunkt:	Liftparkplatz, Gasthof Scheikl, 1154 m

Route: Vom Liftparkplatz Aufstieg längs der Schipiste, dann in Kehren auf gutem Steig zum Graf-Meran-Haus, 1836 m. Über einen schwach ausgeprägten Rücken hinauf zum Gipfel der Hohen Veitsch. Kurzer Abstieg in Richtung Osten und weiter am Hochplateau, vorbei am Vorkogel und immer in östlicher Richtung bis unter den Sperrkogel, den wir nördlich passieren. Geradeaus weiter zum Schoberstein und Abstieg zur Grundbauernhütte am Blaskögerl, 1451 m. Von hier weiterer Abstieg durch Wald nach Süden. Bei einer Weggabelung wenden wir uns nach rechts und steigen durch den Steinbachgraben zur Autostraße ab (kurz nach dem Radwirt, Gegenanstieg zum Liftparkplatz).

Variante: Die Hohe Veitsch wird auch sehr gerne vom Niederalpl, 1224 m, über die Sohlenalm und Gingatzwiese bestiegen. Auch die Überschreitung am Teufelssteig zum Turntaler Kogel, 1610 m, ist sehr lohnend.

Höhenmeter:	850
Zeit:	2 / 5–6 Stunden
Stützpunkte:	Graf-Meran-Haus, 1836 m, Grundbauernhütte, 1451 m
Karte:	ÖK 1: 50.000, Blatt 103
Sehenswertes:	Krieglach, Besuch in Peter Roseggers Waldheimat am Alpl

Links: *Tiefblick von der Hohen Veitsch zum Graf-Meran-Haus*

Tour 22: HOHE-VEITSCH-ÜBERSCHREITUNG (Variante)

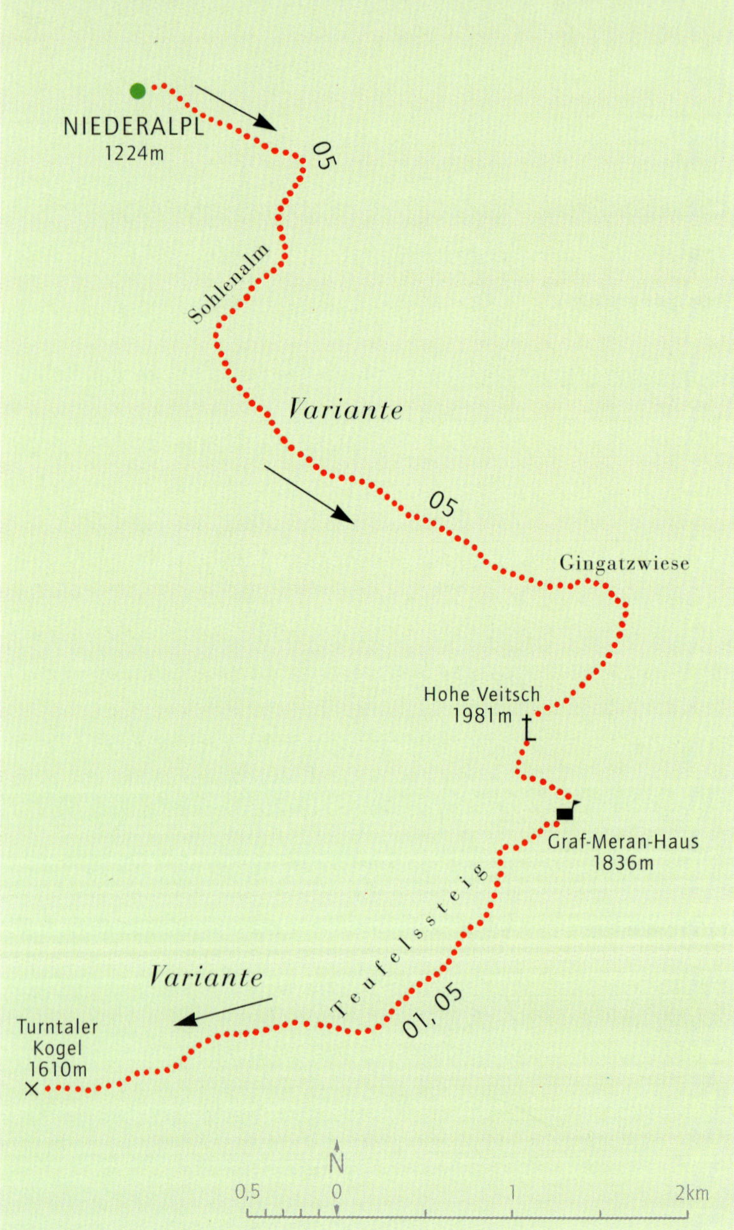

Auch die Veitsch kennen wir gut vom Schifahren. Zwischen Niederalpl und Pretalsattel erhebt sich diese Gebirgsgruppe. Durch ihre plateauartige Gestalt eignet sie sich hervorragend für eine landschaftlich reizvolle Überschreitung.
Hat man mehrere Tage Zeit, sollte man unbedingt der gegenüberliegenden Rosegger-Waldheimat einen Besuch abstatten. Waldschule und Geburtshaus sind sehenswert, und die Pretul mit ihrem Verbindungskamm zum Stuhleck offeriert eine lohnende Wanderung.

Tour 22: HOHE-VEITSCH-ÜBERSCHREITUNG

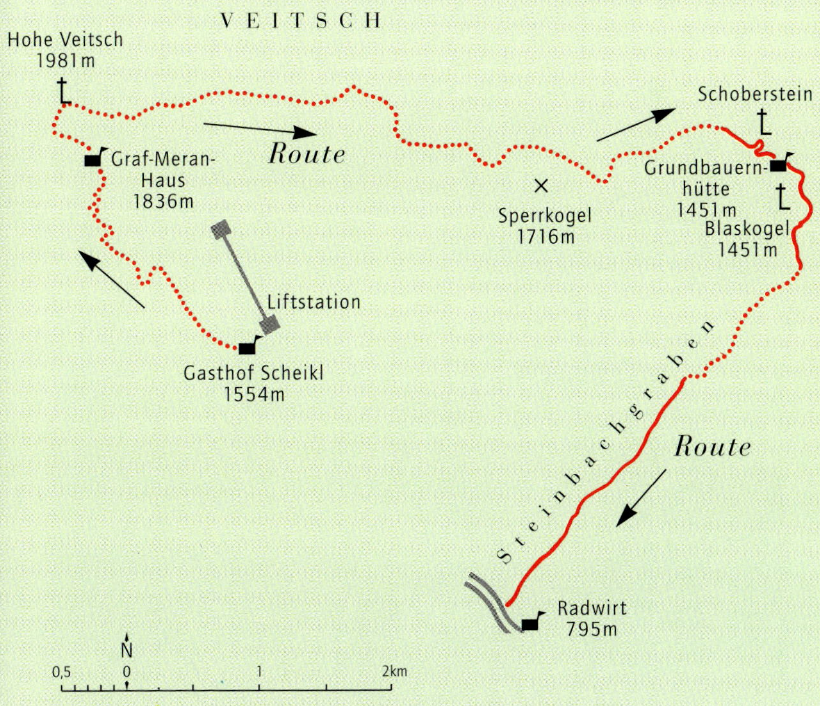

Oben: *Auf dem Gipfel der Hohen Veitsch*
Unten: *Blick von der Hohen Veitsch nach Südwesten*

Tour 23

Hochlantsch
1720 m

Gebiet:	Grazer Bergland
Charakteristik:	Erlebnisreiche Bergtour mit toller Routenführung
Talort:	Pernegg an der Mur, 458 m
Ausgangspunkt:	Mixnitz, 447 m

Route: Von Mixnitz wandern wir auf dem markierten Weg zur Bärenschützklamm. Dabei kommen wir am Bärenloch und am Kaskadenfall vorbei. In der Folge durchschreiten wir die wildromantische Bärenschützklamm. Am Ende der Klamm führt dann der Weg zur Schwaigeralm mit dem Gasthof „Zum Guten Hirten". Von der Alm weiter in einer Mulde zum Beginn der Felsen, Schüsserlbrunn, Hütte „Zum Steirischen Jokl", 1398 m. In Richtung Osten besteigen wir anschließend in Kehren den Hochlantsch. Abstieg wie Aufstieg, wobei die Bärenschützklamm nördlich umgangen werden kann.
Variante: Es ist auch möglich, von der Schwaigeralm den Abstieg über die Tyrnauer Alm und die Rote Wand auszudehnen.

Höhenmeter:	1300
Zeit:	3-4 / 5-6 Stunden
Stützpunkte:	Gasthof „Zum Guten Hirten", 1209 m, Steirischer Jokl, 1398 m, Tyrnauer Alm, 1327 m
Karte:	ÖK 1: 50.000, Blatt 134
Sehenswertes:	Bärenschützklamm, Drachenhöhle, Mathildengrotte

Im Grazer Bergland ist der Hochlantsch der wohl bekannteste Berggipfel. Zwischen St. Jakob im Norden und Passail im Süden ragt er mit seinen Felsgebilden aus einem dichten Waldgürtel heraus. Seine Bekanntheit ist natürlich eng mit der romantischen Bärenschützklamm und der

Drachenhöhle bei Mixnitz verbunden. Aber auch die Route zum höchsten Punkt ist abwechslungsreich und von einer herrlichen Aussicht gekrönt. So blicken wir weit über das Murtal hinaus bis zu den Niederen Tauern. Zudem verwöhnen gemütliche Berggasthöfe den müden Wanderer mit heimischen Leckerbissen und kühlen Getränken.

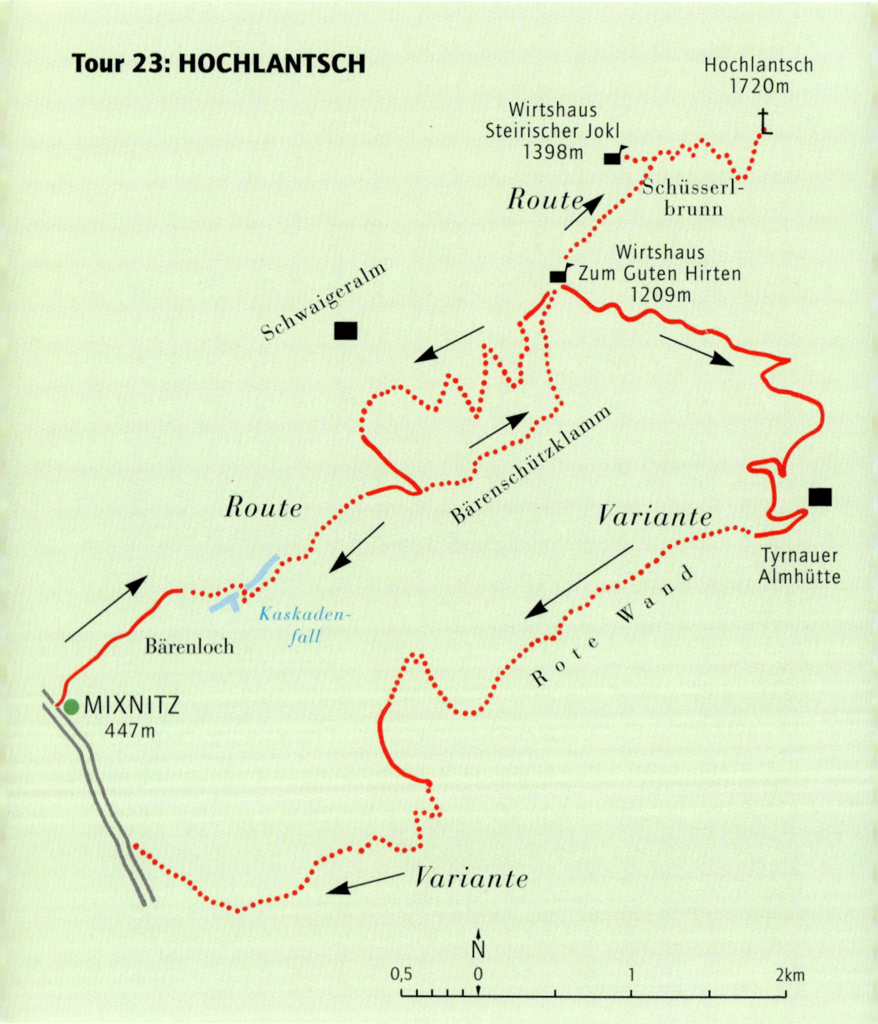

Oben: *Blick vom Hochlantsch in Richtung Norden*
Unten: *Die Route auf den Hochlantsch bietet eine herrliche Aussicht zur Teichalm*
Nächste Seite: *Im Anstieg zum Hochschwab: Blick zum Zinken*

Hochstadl
1919 m

Tour 24

Gebiet:	Ybbstaler Alpen
Charakteristik:	Bergtour auf einen dem Hochschwab vorgelagerten Aussichtsgipfel
Talort:	Greith, 737 m
Ausgangspunkt:	Dürradmer, Fangbrücke, 808 m

Route: Kurz nach der Brücke wandern wir auf einer Forststraße in Richtung Westen zur Nappenbachklause, 1171 m, und weiter zur Kräuterinhütte, 1394 m. Nun wendet sich der Weg nach Süden und führt zwischen Fadenkamp, 1804 m, und Graskogel, 1742 m, über freie Flächen zu einer Wegabzweigung. Hier geradeaus weiter und hinauf zum höchsten Punkt. Abstieg wie Aufstieg.
Variante: Es ist auch möglich, von Rotmoos, 690 m, den Hochstadl zu besteigen.

Höhenmeter:	1100
Zeit:	3-4 / 4,5-5,5 Stunden
Stützpunkte:	Keine
Karten:	ÖK 1: 50.000, Blätter 101 und 102
Sehenswertes:	Salzatal

Dem mächtigen Hochschwab nördlich vorgelagert, erhebt sich die Kräuterin steil aus dem Salzatal. Ihre Nordseite ist durch grüne Almböden sanft gegliedert und vermittelt dadurch auch einen genußreichen Anstieg. Auf dem Gipfel erleben wir dann einen tollen Bergblick. Riegerin, Hochtürnach, Zeller Staritzen und natürlich der stolze Hochschwab breiten sich malerisch aus. Unter uns liegt Wildalpen, und nur ein Stück weiter kommen das Hochkar, der Dürrenstein und der Ötscher zum Vorschein. Beim Abstieg denkt man noch lange an dieses Gipfelglück und ist sicher, wieder hierher zu kommen.

Tour 24: HOCHSTADL

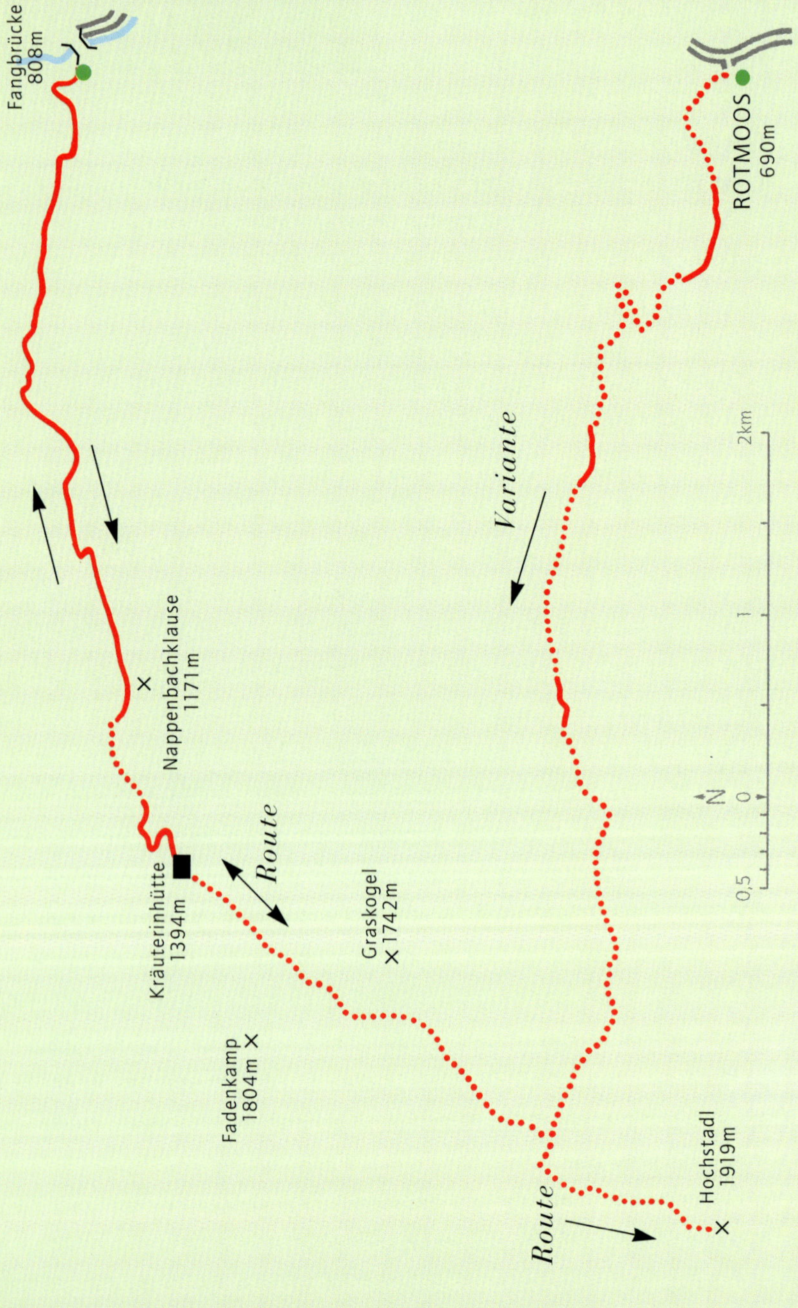

Hochschwab
2277 m

Tour 25

Gebiet:	Hochschwab
Charakteristik:	Hochalpine Bergtour, die Trittsicherheit und Ausdauer voraussetzt
Talort:	Aflenz Kurort, 763 m, St. Ilgen, 736 m
Ausgangspunkt:	Gasthof Bodenbauer, 884 m, im hintersten Talschluß, Straßenende

Route: Vom Bodenbauer flach talein, dann über den Trawiesbach bis unter die Hundswand. Nun auf dem markierten Weg im Trawiestal zur Trawiesalm und weiter hinauf zum G'hacktbrunn, 1785 m, Wegweiser. Hierher gelangen wir auch, wenn von Seewiesen, 974 m, durch die Untere Dullwitz über die Voisthalerhütte, 1654 m, und die Obere Dullwitz aufgestiegen wird. Geradeaus aufwärts bis zum Beginn der Felsen. Längs der Seilsicherungen hinauf zur Hochfläche und zur Fleischer-Biwakschachtel. Kurz in Richtung Nordosten zum Hochschwabgipfel (Von hier auch Abstieg zum Schiestlhaus). Abstieg wieder zur Fleischer-Biwakschachtel und weiter auf der Hochfläche in westlicher Richtung zum Rauchtalsattel, kurz unterhalb des Hochwarts. Von hier in südwestlicher Richtung über die verkarstete Hochebene zu den Hundsböden und hinab in die Hirschgrube, 1880 m. Durch den Baumstall und den Häuseltrog erreichen wir schließlich die Häuselalm, 1526 m. Abstieg auf dem markierten Waldweg zum Gasthof Bodenbauer.

Höhenmeter:	1400
Zeit:	4 / 7-8 Stunden
Stützpunkte:	Gasthof Bodenbauer, 884 m, Fleischer-Biwakschachtel, 2153 m, Schiestlhaus, 2153 m, Häuselalm, 1526 m
Karten:	ÖK 1: 50.000, Blatt Hochschwab oder Blätter 101 und 102
Sehenswertes:	Aflenz Kurort: Kirche, Gewerkenhaus in Thörl

Der Hochschwab ist eine der markantesten Berggestalten Österreichs. Im Osten bei Gollrad nimmt der „Schwab" mit den Aflenzer Staritzen seinen Anfang und findet erst bei Eisenerz am Leopoldsteiner See sein Ende. Alle Anstiege sind durchwegs lang, aber außerordentlich lohnend. Zu den klassischen Routen zählen jene über die Voisthalerhütte, über die Fölzalm, über die Edelbodenalm, über die Sonnschienalm und die hier beschriebene Tour.
Der hochalpine Charakter kommt bei allen Routen zum Tragen. Bedingt durch die Weite der Hochfläche sollten die Anstiege und Wege nur bei guter Sicht unternommen werden. Im Herbst ist schon mit Schnee zu rechnen. Warme Kleidung und gute Bergausrüstung müssen auch im Hochsommer immer dabei sein. Einige Kreuze vor der Fleischer-Biwakschachtel erinnern an vergangene Tragödien und sollen Mahnmal für alle jene sein, die wider aller Vernunft mangelhaft ausgerüstet in die Natur gehen.
Die hier beschriebene Rundtour zeichnet sich durch Abwechslung und besonders schöne Routenwahl aus. Die Ausblicke vom „G'hackten" in die Hochschwab-Südwand und der Gipfelblick bestätigen dies eindrucksvoll. Sehr reizvoll verläuft auch der Rückweg über die Hochfläche zur Häuselalm. Beim Wandern werden wir auch hier von landschaftlichen Leckerbissen verwöhnt.

Der Leopoldsteiner See mit Pfaffenstein, im Hintergrund rechts Eisenerz, Erzberg und Eisenerzer Reichenstein

Tour 25: HOCHSCHWAB

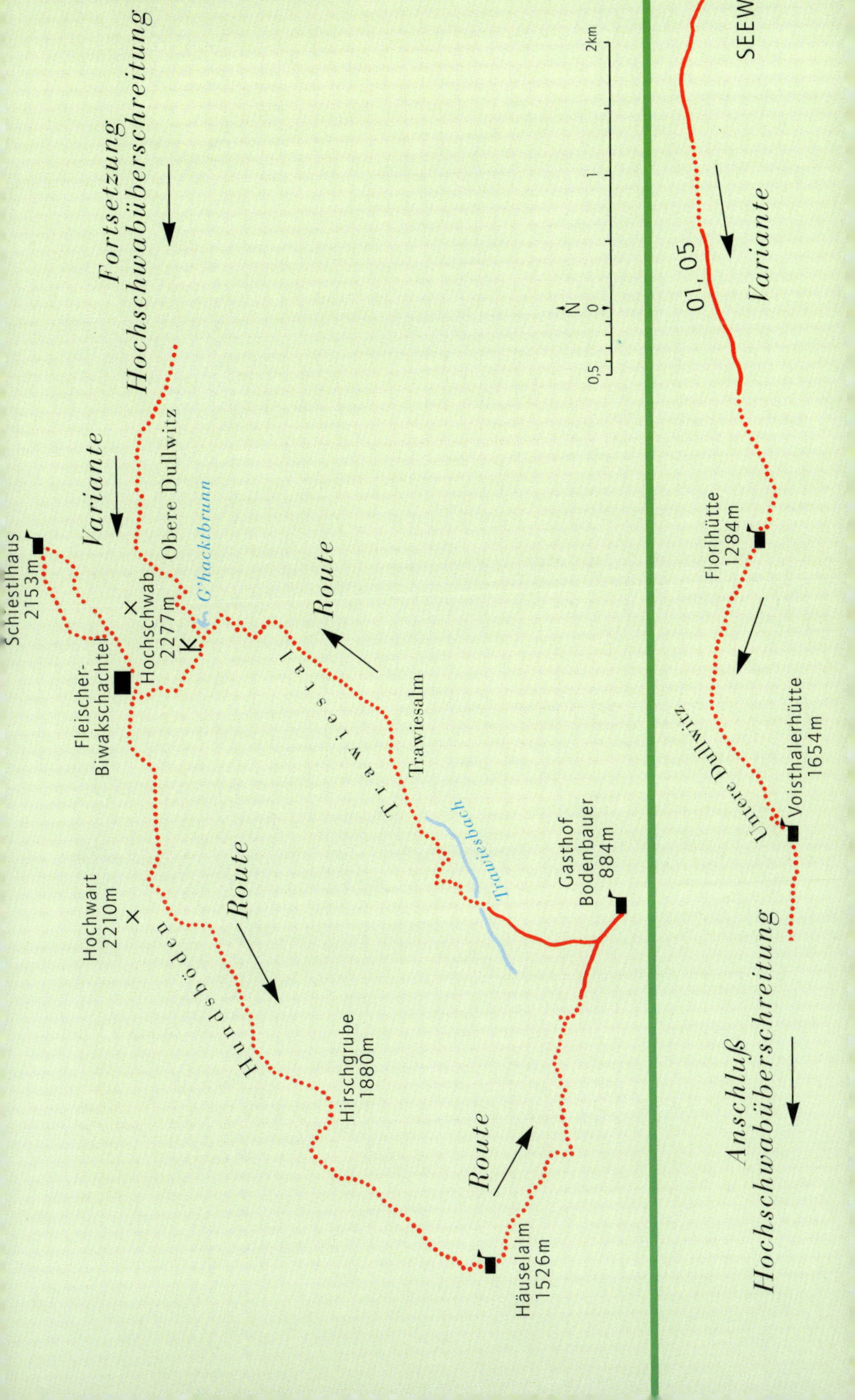

Hochschwabüberschreitung

Tour 26

Gebiet:	Hochschwab
Charakteristik:	Außerordentlich lange, 2–3 Tage dauernde Tour die gute Kondition und Orientierungssinn voraussetzt
Talort und Ausgangspunkt:	Gollrad, 966 m

Route: Von Gollrad steigen wir auf dem markierten Waldweg zum „Hals" auf und wandern über den Mischenriegel zur Leitenalm und zur Mitterbodenalm. Nach der Alm wendet sich der Weg nach Süden, und wir erreichen den Mieserkogel, 1855 m. Weiter in westlicher Richtung über das Steinerne Hüttl zur Niederen Scharte. In der Folge passieren wir die Rotlacken, gehen südlich am Severinkogel, 2038 m, vorbei und gelangen auf die Ringkarwand, oberhalb des Oberen Ringes. Weiter gegen Westen durch das Ochsenreichkar, bis wir auf den Anstiegsweg von der Edelbodenalm treffen, 1994 m. Nun nach links in südlicher Richtung zu einem Wegweiser. Weiter auf dem Weg nach Westen zum Schiestlhaus, 2153 m. Übernachtung.
Am nächsten Tag hinauf zum Hochschwabgipfel, Abstieg zur Fleischer-Biwakschachtel und weiter auf der Hochfläche in westlicher Richtung zum Rauchtalsattel, kurz unterhalb des Hochwarts. Von hier in südwestlicher Richtung über die verkarstete Hochebene zu den Hundsböden und in der Folge hinab in die Hirschgrube, 1880 m. Durch den Baumstall und den Häuseltrog erreichen wir schließlich die Häuselalm, 1526 m. Hier wenden wir uns nach Westen und wandern zum Sackwiesensee, 1414 m, hinüber. Ein idyllischer Waldweg führt in der Folge zur Sonnschienalm, 1523 m. Übernachtung. Am nächsten Morgen nach Westen über die Alm zum Androthkogel und zur Androthalm, 1556 m. Über das Androthtörl und die Brandwiese erreichen wir die Fobisalm, 1394 m. Nun immer auf dem Weg in Richtung Westen am Fobisbach entlang. In der Folge wen-

Links: *Idyllische Zwischenstation auf der Hochschwabüberschreitung. der Sackwiesensee*

det sich der Weg nach Süden und führt durch den Hinterseeaugraben hinunter in die Seeau. Auf der Straße zum Leopoldsteiner See, 628 m. Mit Bus oder Taxi zum Ausgangspunkt zurück oder 2 Autos benutzen. Variante: Die Tour kann auch vom Seebergsattel aus gestartet werden.

Höhenmeter:	1800
Zeit:	2–3 Tage
Stützpunkte:	Schiestlhaus, 2153 m, Fleischer-Biwakschachtel 2153 m, Häuselalm, 1526 m, Sonnschienhütte, 1523 m
Karten:	ÖK 1: 50.000, Blatt Hochschwab oder Blatt 101, 102, siehe Tour 25
Sehenswertes:	Leopoldsteiner See, Eisenerz

Mit der Hochschwabüberschreitung unternehmen wir eine der lohnendsten Bergzugüberquerungen. Die landschaftliche Schönheit und die abwechslungsreiche Wegführung machen diese Unternehmung zu einem einmaligen Erlebnis. Stabiles Wetter und gute Sicht sind neben gutem Orientierungsvermögen und Bergerfahrung grundlegende Voraussetzungen. Selbstverständlich kann die Tour auch in 2 Tagen durchgeführt werden. 3 Tage garantieren jedoch ein Mehr an Genuß und weniger Strapazen. 10 Gipfel sind dabei leicht zu ersteigen, wobei ein Großteil unterwegs überschritten wird.

Oben: *Großer Beilstein (links) und Stangenwand (rechts): zwei begehrte Gipfelziele im Hochschwabmassiv*
Unten: *Die Fölzalm, zentraler Stützpunkt für Wanderer und Kletterer*

Tour 26:
HOCHSCHWAB-ÜBERSCHREITUNG

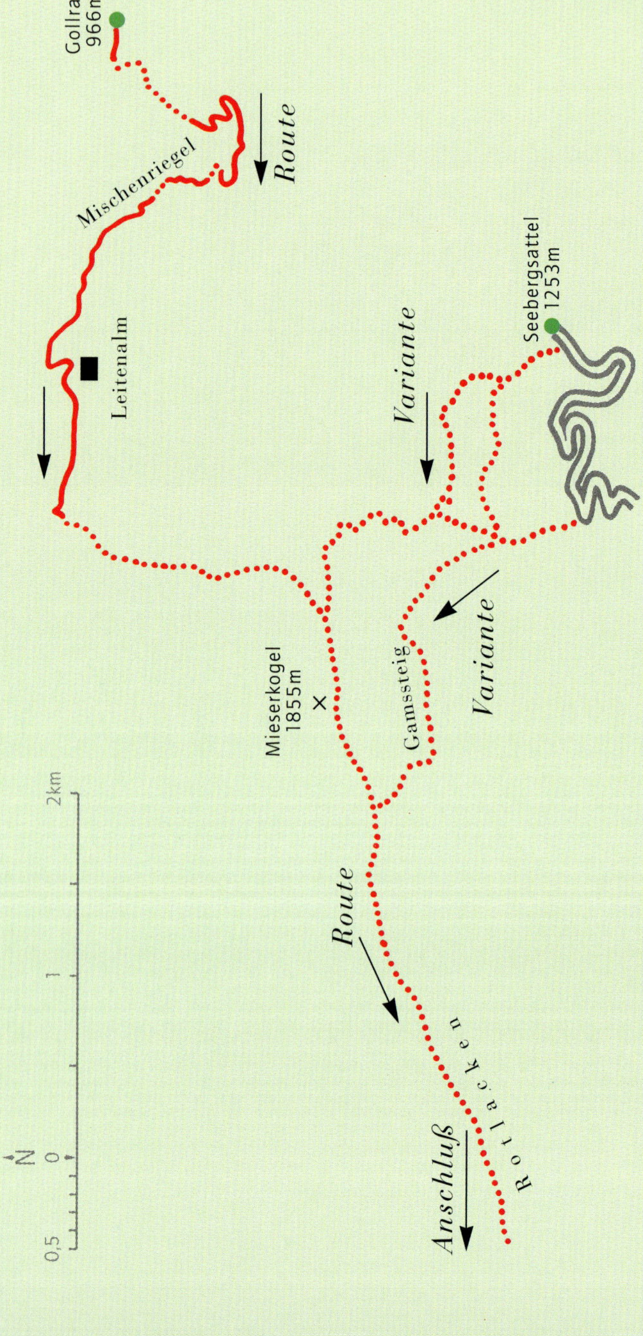

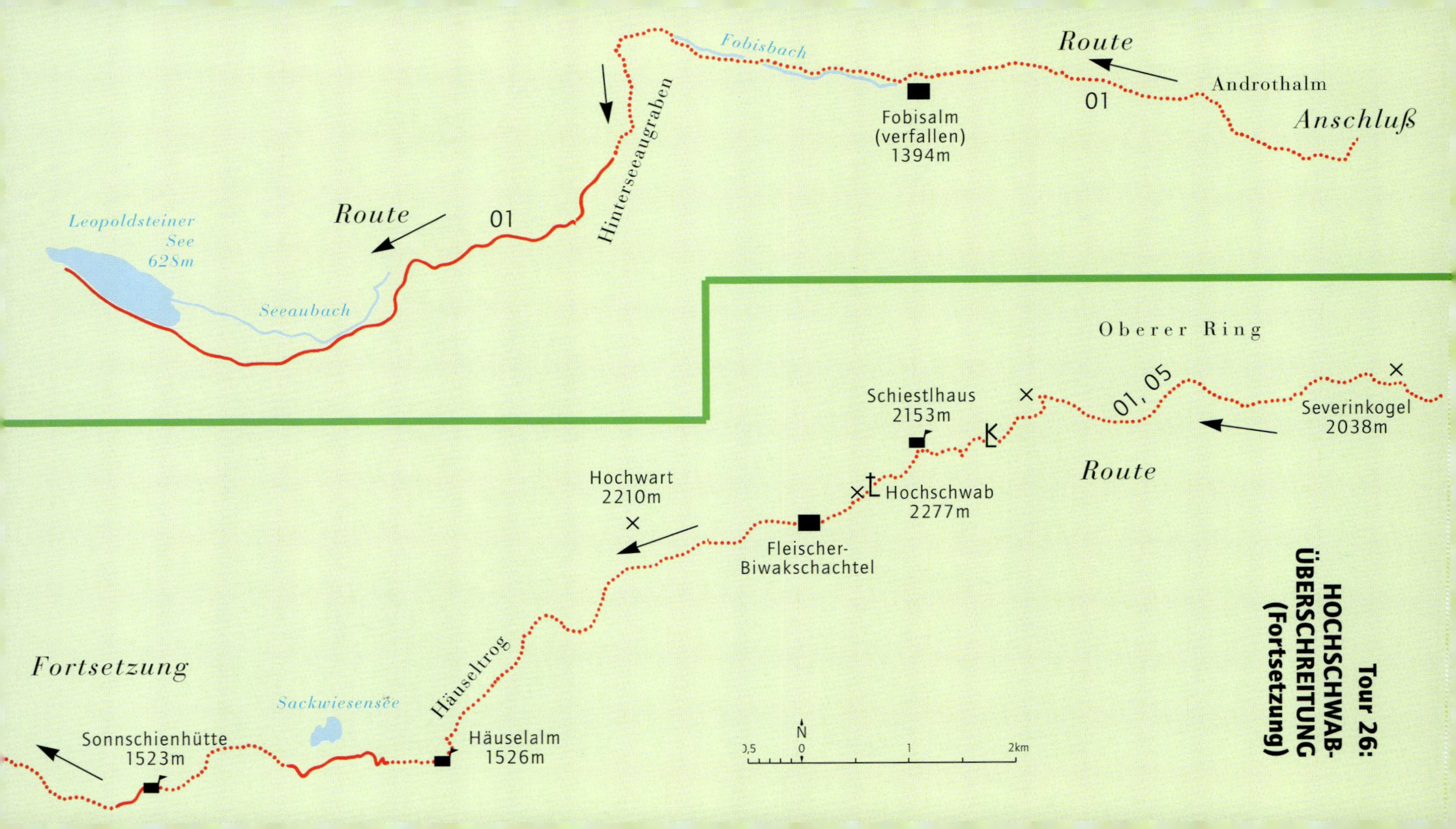

Tour 26:
HOCHSCHWAB-
ÜBERSCHREITUNG
(Fortsetzung)
Anschluß
Androthalm
Route
01
Fobisalm
(verfallen)
1394m
Fobisbach
Hinterseeaugraben
Route
01
Leopoldsteiner
See
628m
Seeaubach
Oberer Ring
Severinkogel
2038m
01, 05
Route
Schiestlhaus
2153m
Hochschwab
2277m
Fleischer-
Biwakschachtel
Hochwart
2210m
Häuseltrog
Häuselalm
1526m
Sackwiesensee
Sonnschienhütte
1523m
Fortsetzung
N
0,5
0
1
2km

Oben: *Auf der Hochfläche des Hochschwabs: ein einmaliges Wandererlebnis*
Unten: *Die verkarstete Hochfläche des Hochschwabs, Blick nach Westen Richtung Gesäuse*

Tour 27

Stumpfmauer 1770 m

Gebiet:	Ybbstaler Alpen
Charakteristik:	Lohnende Bergfahrt auf einen Felsengipfel
Talort:	Hollenstein an der Ybbs, 497 m
Ausgangspunkt:	Schottergrube Wenten, 491 m, südlich von Hollenstein

Route: Kurz vor einer Brücke im Klausbachtal steigen wir auf einer Forststraße, vorbei an einer Kapelle, 611 m, zum Waldbeginn auf. Hier zweigt der Weg von der Forststraße links ab, kreuzt diese in der Folge mehrmals (Wegweiser) und leitet in Richtung Südwesten in Kehren unter die Flächen der Voralm. Nun wendet sich der Weg nach Süden und führt zum Gipfelaufbau am Rande der Abbrüche hinauf. Von hier kurz zum höchsten Punkt der Stumpfmauer. Abstieg wie Aufstieg.
Variante: Auch von Altenmarkt ist der Anstieg über die Halsmoarhütte, die Hinteralm und dem Tanzboden auf dem Kopetzkysteig möglich. Die Route ist länger, aber nicht so steil.

Höhenmeter:	1300
Zeit:	3-4 / 5-6 Stunden
Stützpunkte:	Keine
Karten:	ÖK 1: 50.000, Blätter 70 und 100
Sehenswertes:	Hollenstein an der Ybbs, Schaumauer Königsberg

Die Voralm mit ihrem felsigen Gipfelaufbau erhebt sich im Dreiländereck Niederösterreich, Oberösterreich und Steiermark. Der Aufstieg ist nicht besonders schwer, wenn auch nicht gerade kurz. Durch die abwechslungsreiche Wegführung und die herrlichen Ausblicke vergeht die Aufstiegszeit jedoch rasch. Auf dem Gipfel werden wir dann von einem herrlichen Ausblick verwöhnt. Weit unter uns liegen die Eisen-

wurzen, und im Westen zeigen sich die Gipfel des Sengsengebirges und des Reichraminger Hintergebirges. Im Süden wird es noch alpiner, wenn Hochschwab und Gesäuseberge mit ihren Felsszenerien beeindrucken. In diesem Sinne erleben wir einen wahren Gipfelreigen und können uns an dem prächtigen Panorama gar nicht satt sehen. Mit all diesen Natureindrücken treten wir schließlich wieder den Abstieg an.

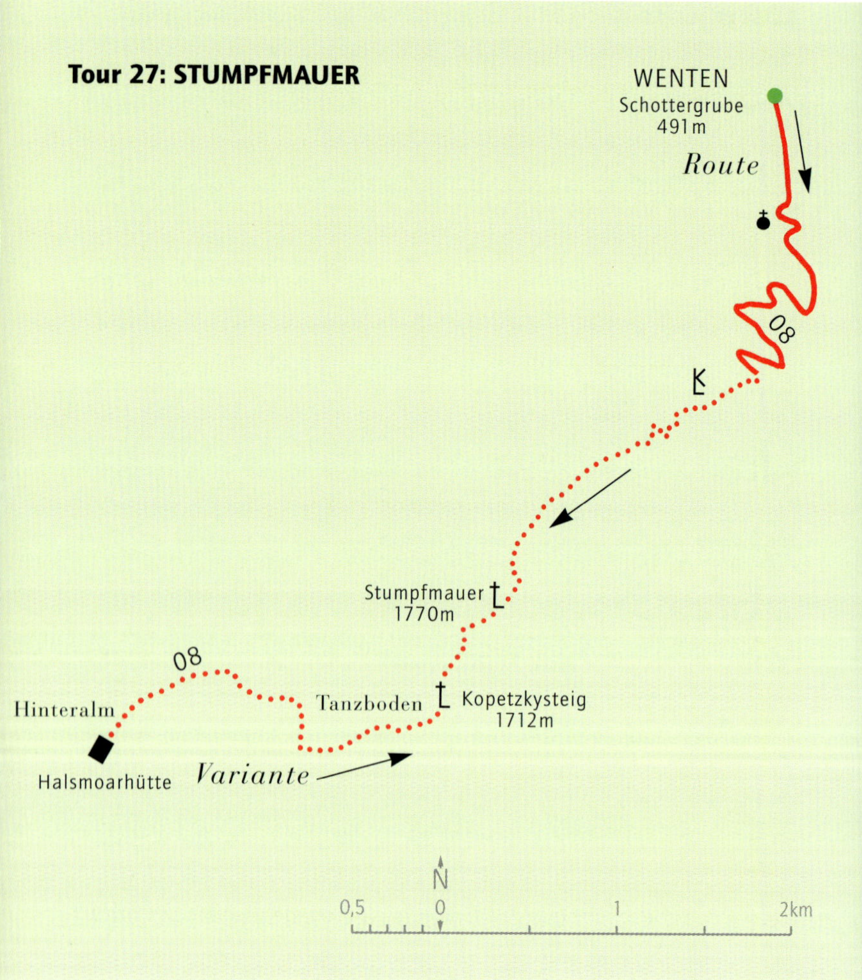

Oben: *Gipfelrast am Eisenerzer Reichenstein: Der beeindruckende Rundblick leitet vom Gesäuse bis zum Hochschwab.*
Unten: *Blick vom Reichenhals nach Norden*

Eisenerzer Reichenstein
2165 m

Tour 28

Gebiet:	Eisenerzer Alpen
Charakteristik:	Hochalpine Tour, die Trittsicherheit und Schwindelfreiheit voraussetzt
Talort:	Vordernberg, 839 m
Ausgangspunkt:	Bahnhof Vordernberg, 805 m

Route: Vom Bahnhof steigen wir auf einem Weg südlich des Eselgrabens zum Barbarakreuz, 1058 m, auf. Von hier über den bewaldeten Rücken zum Beginn der Felsen. Nun über den versicherten Grete-Klinger-Steig auf das Fahnenköpfl, 1648 m, und weiter auf der felsigen Gratschneide über die Vordernberger Mauern in einfaches Bergkammgelände und empor zum Vordernberger Zinken. Wir bleiben weiter auf dem Bergkamm und erreichen wieder felsiges Gelände, 1990 m. In einem Bogen geht es über den Grüblzinken und durch ein Kar auf die Westseite des Berges. In Kehren empor zur Reichensteinhütte, 2128 m, und kurz zum höchsten Punkt. Abstieg wieder zur Hütte und am markierten Weg in südlicher Richtung zum Reichenhals. Hier biegen wir nach links in Richtung Süden ab und steigen längs von Felsen zum Krumpenhals, 1700 m, dann zum Krumpensee, 1416 m, und zur Krumpalm ab. Durch Wald geht es weiter hinunter auf eine Forststraße. In der Folge zweigt von dieser dann ein Waldweg links ab, der wieder zum Barbarakreuz leitet. Über den Anstiegsweg ins Tal zurück.
Variante: Aufstieg vom Präbichl, 1226 m, über den Theklasteig.

Höhenmeter:	1400
Zeit:	4 / 6-7 Stunden
Stützpunkt:	Reichensteinhütte, 2128 m
Karten:	ÖK 1: 50.000, Blätter 101 und 132
Sehenswertes:	Eisenerz, Erzberg

Links: *Auf dem Gipfel des Eisenerzer Reichensteins*

Wenn wir über Trofaiach durch das Vordernberger Tal über den Präbichl oder vom Leopoldsteiner See hereinfahren, wächst plötzlich die Felsenmauer des Eisenerzer Reichensteins empor. Ein beeindruckendes Bergmassiv, das sich oberhalb des Erzberges der Länge nach ausbreitet.
Die Route über den Grete-Klinger-Steig ist geübten Berggehern besonders zu empfehlen, da die versicherten Kletterstellen alpine Abwechslung im Aufstieg bringen. Vom Gipfel erleben wir dann einen besonders beeindruckenden Rundblick, der vom Gesäuse zum Hochschwab leitet. Im Süden strebt dann noch das Gößeck in den Himmel.

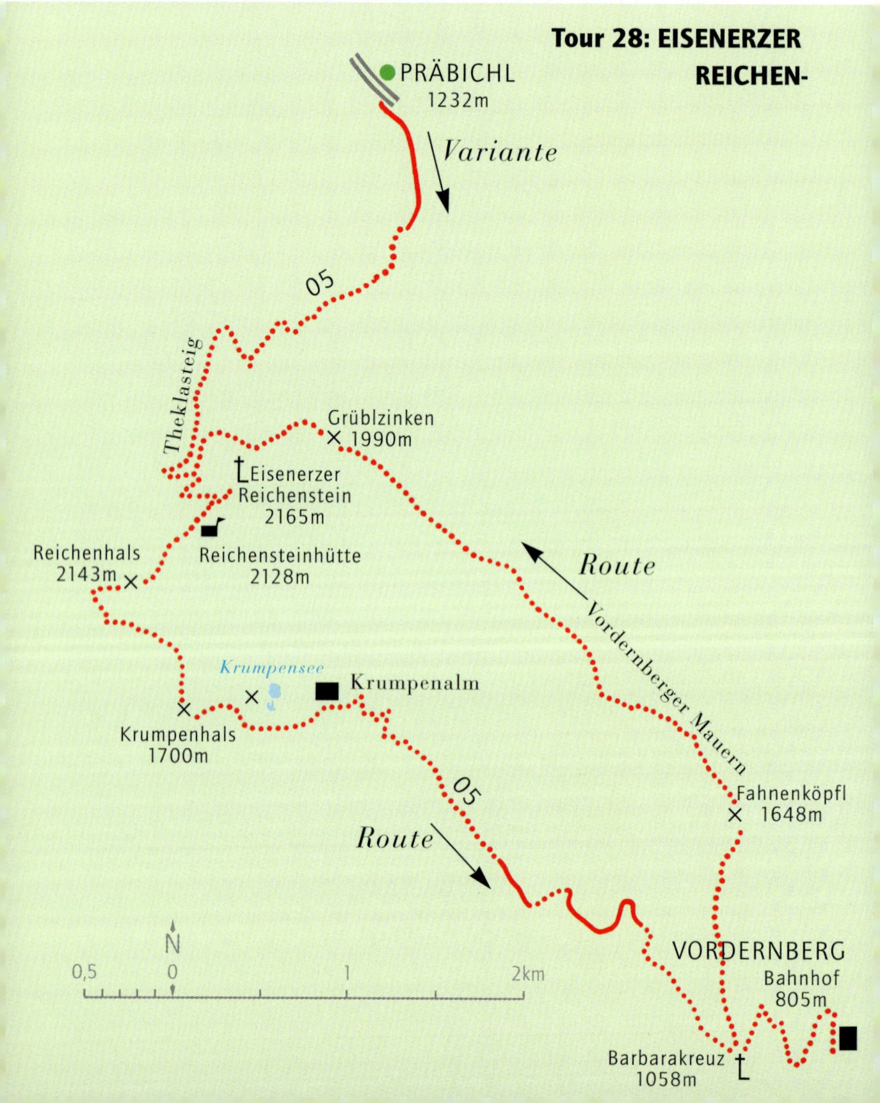

Tour 29

Kaiserschild
2084 m

Gebiet:	Eisenerzer Alpen
Charakteristik:	Lange, hochalpine Bergtour
Talort:	Eisenerz, 736 m
Ausgangspunkt:	Münichtal, 682 m, nördlich von Eisenerz

Route: Von Münichtal steigen wir auf einem steilen Waldweg in Kehren durch die Sandgrube zu den Felsen des Zaunerkogels, 1704 m, auf. Der Steig wendet sich in der Folge dem Hochturm, 1803 m, zu und führt in südlicher Richtung unter dem Rotriegel, 1879 m, vorbei. Weiter in Richtung Südwesten immer am Bergkamm oberhalb der Felsabbrüche zum Kaiserwart, 2033 m. In Richtung Süden auf den Gipfel des Kaiserschildes. Abstieg wie Aufstieg oder vom Gipfel kurz in Richtung Westen, dann nach Süden, durch die Felsformationen ins Bärenloch hinunter und weiter ins Tal des Ramsaubaches. Auf einer Zubringerstraße durch die Ramsau und Schlingerweg hinaus nach Eisenerz.
Variante: Vom Kaiserschild kann man auch über den Hochkogel, 2105 m, nach Radmerhals absteigen. Durch das Tal des Ramsaubaches nach Eisenerz zurück.

Höhenmeter:	1400
Zeit:	4 / 6–7 Stunden
Stützpunkte:	Keine
Karten:	ÖK 1: 50.000, Blätter 100 und 101
Sehenswertes:	Eisenerz, Erzberg, Leopoldsteiner See

Der Kaiserschild ragt mit seinen schroffen Felsabstürzen zwischen Radmer und Eisenerz in den Himmel. Seine mächtige Berggestalt thront unmittelbar am Eingang zum Gesäuse und kündigt dies mit steilen Felsbastionen an. Der Aufstieg ist lang und verlangt gute Kondition. Belohnt wird man für diese Mühen allerdings mit einem grandiosen Ausblick in

die benachbarten Gesäuseberge. Unmittelbar westlich zeigt sich der Lugauer, das „Matterhorn des Gesäuses". Aber auch das berühmte Hochtor und der gewaltige Buchstein machen ihre Aufwartung.
Auch der Abstieg verläuft steil und felsig. Für den Rückweg aus Schlingerweg nach Eisenerz empfehle ich ein Taxi, da man ohnedies schon eine beachtliche Wegstrecke hinter sich gebracht hat. Obwohl man nach diesem Bergtag rechtschaffen müde ist, freut man sich noch lange über diese einmalige Rundtour.

Tour 29: KAISERSCHILD

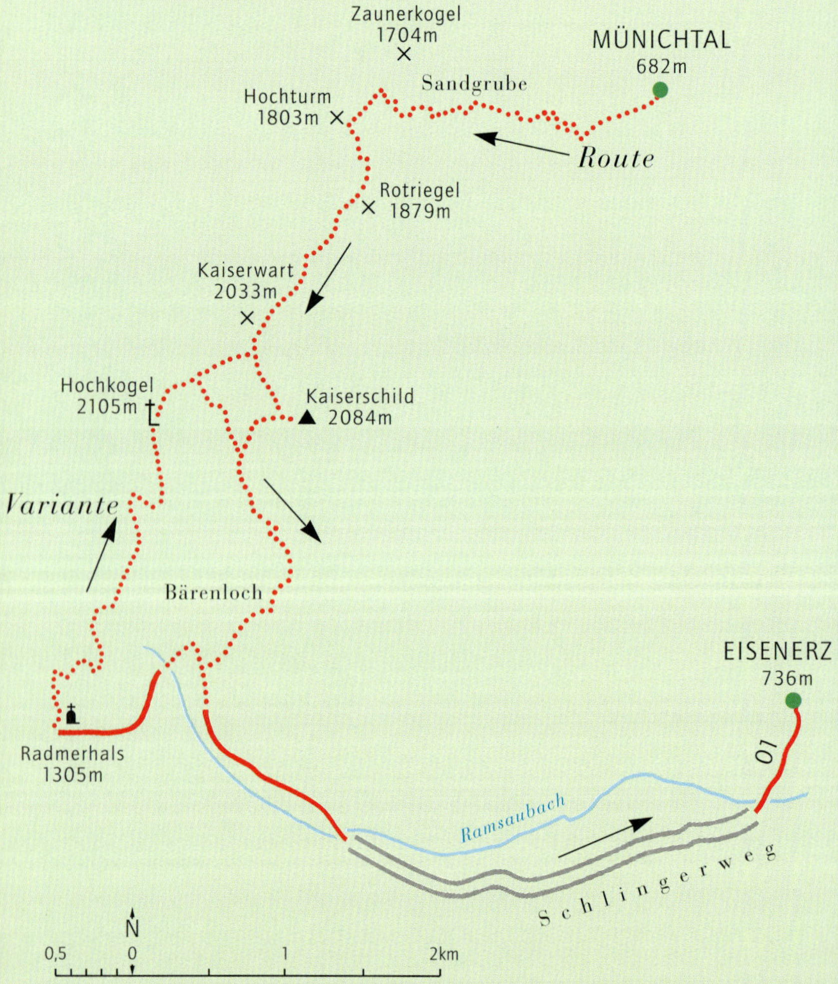

Tour 30

Lugauer
2217 m

Gebiet:	Gesäuse
Charakteristik:	Steile Bergtour mit tollen Landschaftseindrücken
Talort und Ausgangspunkt:	Radmer an der Hasel, 898 m

Route: Kurz vor dem Schloß Greifenberg steigen wir auf dem markierten Waldweg in Kehren zum Gspitzten Stein, 1556 m, auf. Vom Oberen Haselkar in Richtung Nordosten durch Wald und Latschen hinauf in den frei liegenden Lugauerplan. Durch die Flanke zum Grat empor und zum Gipfel. Abstieg wie Aufstieg.
Variante: Auch der Aufstieg durch den nordseitig gelegenen Hartelsgraben über den Hochpolster ist sehr empfehlenswert (etwas länger).

Höhenmeter:	1300
Zeit:	4 / 6 Stunden
Stützpunkte:	Keine
Karten:	ÖK 1: 50.000, Blatt Gesäuse oder Blatt 100
Sehenswertes:	Hieflau

Der Lugauer hält oberhalb von Hieflau am Eingang zum Gesäuse getreu die Wacht. Seine markante Erscheinung ist schon von weitem gut sichtbar. Bedingt durch seine Lage, muß der fantastische Gipfelblick nicht extra erwähnt werden. Diese herrliche Felsenregion hält mit dem Sulzkarhund, 1821 m, und dem Hochzinödl, 2191 m, noch zwei weitere interessante Bergziele bereit, welche im Anstieg aus dem Hartelsgraben bestiegen werden können.

Tour 30: LUGAUER

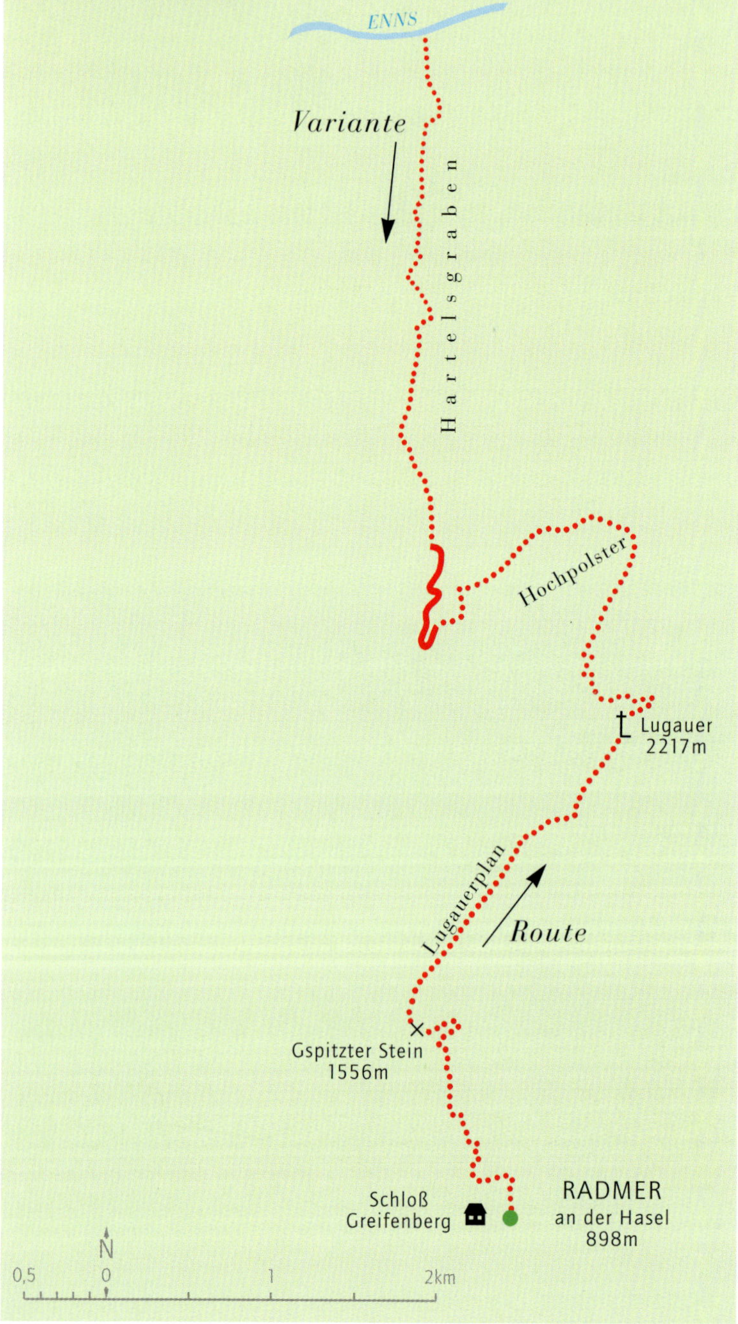

Oben: *Die markante Erscheinung des Lugauers am Eingang zum Gesäuse, von den Eisenerzer Alpen aus gesehen*
Unten: *Durch die Nordabstürze der Planspitze führen zahlreiche lange Klettertouren.*

Großer Buchstein
2224 m

Tour 31

Gebiet:	Gesäuse
Charakteristik:	Steile und lange Bergtour auf einen Gesäuseklassiker, die Trittsicherheit im Fels voraussetzt. In der Westschlucht Vorsicht bei Schnee. Steinschlaggefahr!
Talort und Ausgangspunkt:	Gstatterboden, 577 m

Route: Auf der Gesäuse-Bundesstraße die Enns aufwärts zum Bahnübergang vor der Ennsbrücke. Auf einer Forststraße zum Rauchboden und von dort auf einem schönen Waldweg hinauf in den Brucksattel, 1117 m. Dabei werden der Kühgraben und die von Gstatterboden heraufführende Forststraße mehrmals überquert. Nun in Richtung Norden in vielen Kehren aufwärts zum Buchsteinhaus, 1546 m. Weiter in einen Sattel und über einen Rücken auf einen mit Felszacken besetzten Kamm. Vor einem großen Felsen nach rechts zu einem vorspringenden Absatz (nach diesem großer Felsblock mit Aufschrift). Weiter in Kehren aufwärts zum Aufbau des Westgrates. Um diesen herum und einen Geröllhang überqueren, dann mäßig ansteigend auf eine weit vorspringende Schulter und wieder abwärts zu dem am Ende des Westabsturzes vorspringenden Pfeiler. Um den Pfeiler herum in die zwischen dem Pfeiler und der Admonter Frauenmauer eingeschnittene Westschlucht. Durch diese steil empor (I) in den Buchsteinsattel, 2080 m. Rechts auf den Rasenhang zum ersten Felsbau mit Scharte, 2125 m. Über Rasen und Felsstufen in Richtung Süden, zuletzt über Blöcke zum Gipfel. Abstieg wie Aufstieg.

Variante: Es ist auch möglich, über den Westanstieg, „Wenger Steig" (II) aufzusteigen. Obwohl etwas schwieriger, führt die Route nahezu nie über Geröll. Ich rate jedoch zu Seilsicherung. Nur etwas für klettertechnisch geübte Bergsteiger!

Links: *Auch der Normalweg zum Großen Buchstein bietet versicherte Kletterpassagen.*

Höhenmeter:	1650
Zeit:	5-6 / 8-9 Stunden
Stützpunkt:	Buchsteinhaus, 1546 m
Karten:	ÖK 1: 50.000, Blatt Gesäuse oder Blatt 100
Sehenswertes:	Gesamtes Gesäuse von Hieflau bis Admont (Stift), Johnsbachtal (Bergsteigerfriedhof)

Der Buchstein zählt zu den Gesäuse-Klassikern, und sein Gipfel vermittelt einen Prachtblick in die gegenüberliegende Hochtorgruppe. Mächtige Felsbastionen wachsen hier in den Himmel, und auch der Nichtkletterer ahnt die vielen kühnen Felsenwege.
Der Anstieg ist lang und anstrengend. Außerdem ist eine gute Trittsicherheit erforderlich. Aufgrund der zahlreichen Besucher rate ich in der Westschlucht zum Tragen eines Steinschlaghelms. Bei Schnee oder Nässe ist zudem größte Vorsicht geboten. Alles in allem handelt es sich um eine hochalpine Unternehmung, die einen hohen Stellenwert an Bergerlebnis besitzt.

Tour 31: GROSSER BUCHSTEIN

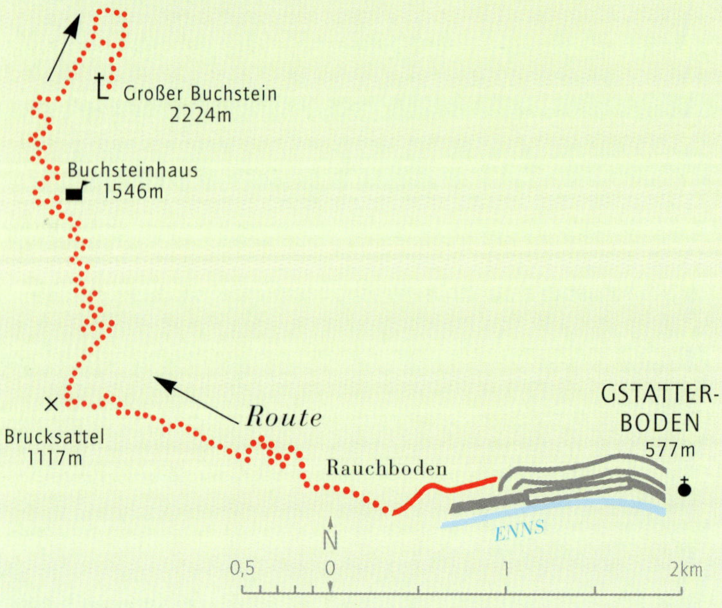

Oben: *Blick vom Großen Buchstein zur Admonter Frauenmauer*
Unten: *Auch die Bergdohlen auf der Terrasse des Buchsteinhauses schätzen eine gute Küche.*
Nächste Seite: *Ein grandioses Bergerlebnis: der Gipfelaufbau der Planspitze*

Planspitze
2117 m
Peternpfad

Tour 32

Gebiet:	Gesäuse
Charakteristik:	Hochalpine Prachttour, die mit Kletterei im II. Schwierigkeitsgrad verbunden ist. Kletterausrüstung und Schwindelfreiheit unbedingt erforderlich! 13 Standhaken am Peternpfad vorhanden.
Talort:	Gstatterboden, 577 m
Ausgangspunkt:	Eingang ins Haindlkar, 607 m (Bushaltestelle, Parkplatz)

Route: Durch das Haindlkar, über mehrere Bachbette, dann über die Karflächen in südlicher Richtung zur Haindlkarhütte, 1121 m. Von der Hütte waagrecht hinüber durch einen Latschenhang. Über ein Bachbett, nochmals kurz durch Latschen und einen steilen Schutthang empor in einen Latschensattel, 1220 m. Hier findet der Übergang vom Großen ins Kleine Haindlkar statt. Nun wieder durch Latschen hindurch und in der Folge über die von der Hochtor-Nordwestwand herabziehende Blockrinne. Von hier einen ausgedehnten Latschenhang empor zu einem Geröllhang und in eine von der Roßkuppe-Nordwestkante herabziehende Geröllrinne. In dieser links aufwärts, dann über die linke Begrenzungsrippe in die Nachbarrinne und in dieser weiter hinauf bis zu dem vom Fuße der Roßkuppe-Nordwestkante herabreichenden Sporn, 1570 m. Die Rinne wird nun links von Felsen begleitet. Entlang dieser naß und lehmig aufwärts und kurz nach links zum Eingang in die Peternpfadschlucht. Unter dem Schluchtüberhang befindet sich eine Quelle, wo auch der eigentliche Peternpfad beginnt. Weiter linksseitig über steiles Schrofengelände empor. Bevor dieses senkrecht wird, waagrechter Quergang nach rechts in den engen Schluchtgrund, 1700 m. In der Schlucht ca. 40 Meter aufwärts und sogleich über plattiges Schrofengelände links hinaus zu einem Rasen. Schräg rechts, dabei über eine 6 Meter hohe Stufe und den nun schuttbedeckten Hang weiter schräg links hinan, bis nahe an den linksseitigen Absturz. Über eine 5 Meter hohe Stufe und über rasendurchsetzte Schrofen nach links bis unmittelbar an den Absturz mit seinem markanten Absatz. Hier ergibt sich ein wunderbarer Tiefblick ins Haindlkar. An einer plattigen Wandstelle 20 m nach rechts, über rasendurchsetzte Schrofen empor und wieder bis an den linken Abbruch. Über steile Platten rechts aufwärts und über Stufen gerade empor, abermals nahe an den linken Abbruch. Von hier führt ein senkrechter Plattenaufschwung empor. In einem kurzen, gestuften Riß aufwärts und an dem vorstehenden Block auf schmaler Leiste rechts vorbei („Ennstaler Schritt", sehr ausgesetzt), 1950 m. Über Stufen steil empor auf die oberste Schulter des linksseitigen Absturzes. Jenseits, unter dem Gipfelaufbau des südwestlichen Peternschartenkopfes auf mäßig ansteigendem Band in die Peternscharte, 2040 m. Von der Scharte kurz abwärts in das Seekar. Unter dem felsigen Gipfelaufbau des Nordöstlichen Peternschartenkopfes, 2057 m, mittels langer Querung links zur Seescharte, 1991 m. Nahe unter dieser vorbei zum Gipfelaufbau der Planspitze. An der schrofigen Südwestflanke schräg aufwärts zum rasenbewachsenen Ostkamm. Gerade hinan und mit einem Linksbogen auf den Gipfelkamm. Nach links zum höchsten Punkt. Abstieg über die Seescharte ins Seekar zum Fuß des Roßkuppenostgrates. In der Folge überqueren wir das Roßkar und gelangen zur Roßschweifwand. Entlang dieser zum Fuß des Roßschweifes (Hochtor-Ostgrat) und hinunter zur Heßhütte, 1699 m. Nach Norden Abstieg zur ehemaligen Ebersangeralm und auf dem Wasserfallweg (einige Sicherungen, Leitern) hinunter ins Tal zur Kummerbrücke.

Varianten: Von der Planspitze ist es auch möglich, über den Nordostanstieg (Kölblplan), einige Stellen II, zur ehemaligen Ebersangeralm abzusteigen. Weiter auf dem versicherten Wasserfallweg hinunter ins Tal zur Kummerbrücke.

Weniger Geübten empfehle ich statt dem Peternpfad den versicherten Wasserfallweg als Aufstieg zur Planspitze zu wählen.

Höhenmeter:	1500
Zeit:	5-6 / 8-10 Stunden
Stützpunkte:	Haindlkarhütte, 1121 m, Heßhütte, 1699 m
Karten:	ÖK 1: 50.000, Blatt Gesäuse oder Blatt 100
Sehenswertes:	Gesamtes Gesäuse von Hieflau bis Admont (Stift), Johnsbachtal (Bergsteigerfriedhof)

Oberhalb des Haindlkares erheben sich die mächtigsten Gesäusewände. Nicht umsonst wird dieses Gebiet auch das Mekka des Gesäusekletterers genannt. Hochtor, Dachl, Roßkuppe, Peternschartenköpfe sind Klettergipfel mit Routen in allen Schwierigkeitsgraden.
Der Peternpfad war im Jahre 1877 der erste Anstieg durch die Nordwände des Haindlkares. Sein Name täuscht etwas über die Schwierigkeiten hinweg. Es sei hier nochmals erwähnt, daß diese Route eine Klettertour im zweiten Schwierigkeitsgrad ist. Wildromantisch führt der Felsenweg steil empor und vermittelt grandiose Tiefblicke. Die Tour ist sehr lang, und manche nützen die Haindlkarhütte zur ersten Übernachtung. Sehr lohnend ist auch eine Übernachtung auf der Heßhütte. Am nächsten Tag kann dann noch das Hochtor, der Hochzinödl oder der Sulzkarhund bestiegen werden.
Leichter, aber ebenfalls sehr lohnend verläuft der Anstieg über den Wasserfallweg. Hierbei benötigt man neben Schwindelfreiheit nur eine Klettersteigsicherung. Der Weiterweg von der Heßhütte auf die Planspitze durch das Roß- und das Seekar ist einfach und erfordert Trittsicherheit im ersten Schwierigkeitsgrad.
Welche Route man nun auch immer wählt, jeder Anstieg vermittelt ein unvergeßliches Bergerlebnis.

Wildromantischer Felsenweg für erfahrene Bergsteiger: der Peternpfad

Tour 32: PLANSPITZE

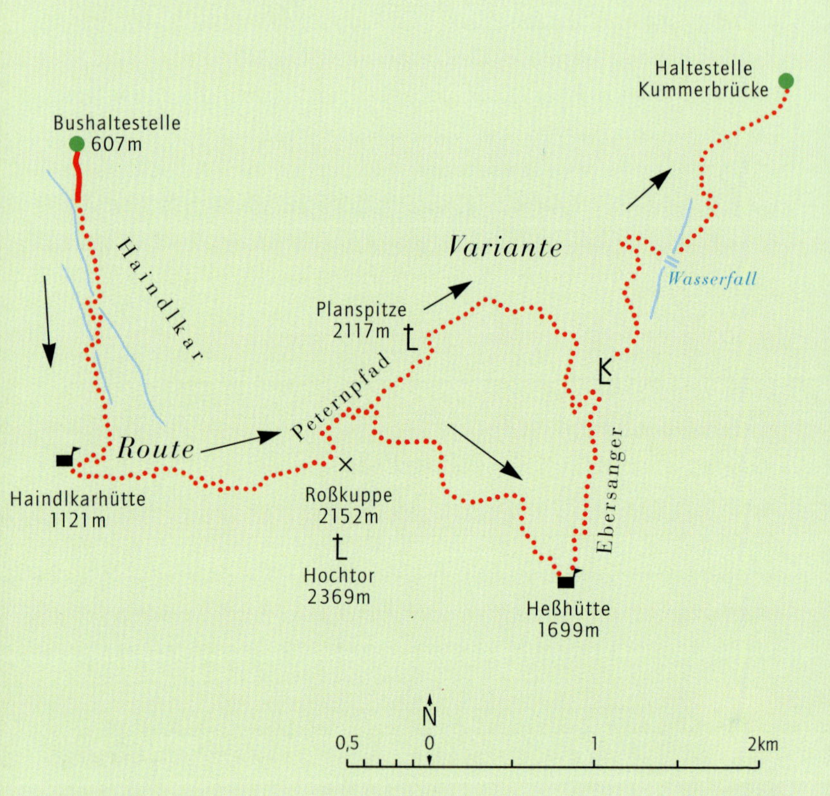

Hochtor
2369 m

Tour 33

Gebiet:	Gesäuse
Charakteristik:	Hochalpine Bergtour mit leichter Kletterei im I. und II. Schwierigkeitsgrad. Außerordentlich lohnende Unternehmungen.
Talort und Ausgangspunkt:	Gasthof Kölbl, Johnsbach, 853 m

Route: Kurz nach dem Kölblwirt folgen wir einem guten Fußweg hinauf zum Beginn des Unteren Koderbodens. Wegweiser und Wegteilung, 1229 m. Hier nach links in Richtung Nordwesten durch einen grabenartigen Einschnitt in eine Mulde. In nördlicher Richtung mittels eines Rechtsbogens hinauf zum Rinnerstein mit seiner ersten Karmulde, 1517 m, und weiter auf den Oberen Karboden. So gelangen wir in das Schneekar. Durch dieses zum Fuß des Schneelochpfeilers empor. Bei einer senkrechten Wand mit kleiner Höhle beginnt der Anstieg über den Schneelochpfeiler (Südwand). Die steile Rasenflanke schräg links aufwärts zu einem turmartigen Felsbau, 1965 m. Rechts von diesem in der 20 Meter hohen, gestuften Rinne empor und in der folgenden, von Rasenbändern durchzogenen Steilflanke aufwärts auf das oberste Band. Auf diesem nach links, um eine Ecke in eine Rinne und von ihrem Ende nach links auf ein Rasenband und hinauf zu einem tiefen Felsschacht. Überstieg und rechts empor auf einen Felsrücken. Über zerklüftetes Karrenfelsgelände erreichen wir eine mit Rillen durchzogene Felsbank. Nun schräg rechts über Geröll aufwärts und, wo das Gelände steiler wird, nach links. Dann wieder schräg rechts auf den Südwestgrat und hinauf zum höchsten Punkt. Abstieg vom Gipfel über den Südostgrat (Gugelgrat, teilweise versichert), unterhalb der Hochtorscharte und des Nordostgipfels in die U-förmige Tellersackscharte, 2296 m. Von hier ziemlich weit in der Flanke hinüber, unterhalb des Gugel-Hauptgipfels querend hinaus zum Grat. Dann wieder etwas in der Südflanke queren und hinauf auf die Grathöhe zum südöstlichen Vorgipfel. In der Folge

durch eine steile Felsrinne und über Schrofen hinab. Dann nach links und etwa 30 Meter unter einem schwach ausgeprägten Gratsattel in eine steile, steinige Mulde. Weiter hinab zu einer Tafel „Josefinensteig" auf breitem Band. Über begrünte Bänder und Schrofen, linkshaltend, hinunter auf einen Geröllhang. Dem Weg folgend hinab zur Heßhütte. Abstieg über die Stadlalm und die Untere Koderalm nach Johnsbach.
Variante: Es ist auch möglich, die Abstiegsroute als An- und Abstieg zu verwenden.

Höhenmeter:	1500
Zeit:	5 / 8 Stunden
Stützpunkt:	Heßhütte, 1699 m
Karten:	ÖK 1: 50.000, Blatt Gesäuse oder Blatt 100
Sehenswertes:	Gesamtes Gesäuse von Hieflau bis Admont (Stift), Johnsbachtal (Bergsteigerfriedhof)

Mit dem Hochtor besteigen wir den höchsten Gesäusegipfel. Die Anstiege sind lang und verlangen Klettergeschick und Schwindelfreiheit. Auf den Graten sei eindrücklichst vor Gewittern gewarnt. Sollte man jedoch von einem solchen Wetterumschwung überrascht werden, dann rate ich, durch die Nordostflanke ins Roßkar abzusteigen.
Die Heßhütte, eindrucksvoll am Fuße des Tellersackkares gelegen, vermittelt für das Hochtor und seine Nachbargipfel einen guten zentralen Stützpunkt. Beeindruckend ist der Ausblick sowohl vom Gipfel als auch von der Hütte. Hier blickt man direkt zu den Felsformationen der Gugel. Charakteristisch sind die hufeisenförmig übereinanderliegenden Plattenbänder, eine über die Gesäuseberge hinaus einmalige Felsstruktur. Aber auch die sanfteren Nachbargipfel wie Hochzinödl oder Sulzkarhund sind einen Besuch wert. In diesem Sinne lohnt ein zwei- oder mehrtägiger Hüttenaufenthalt.

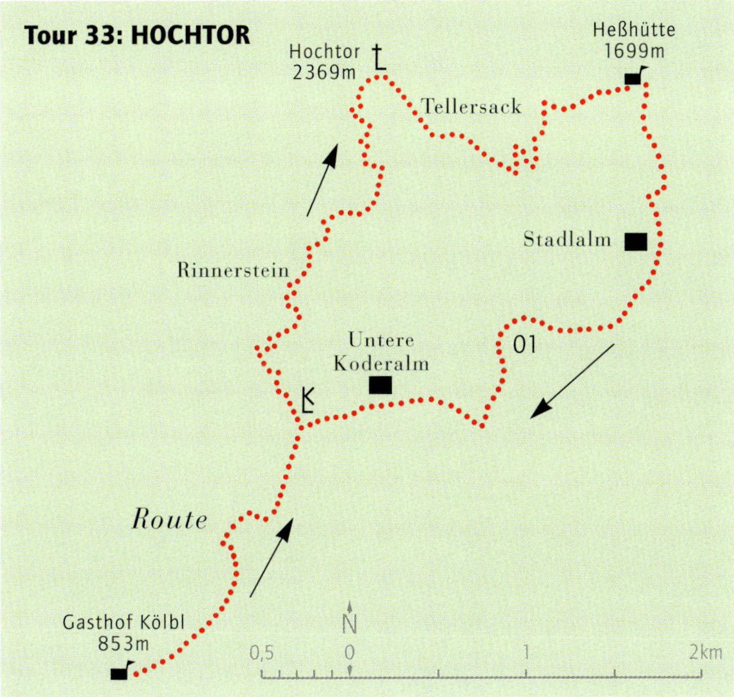

Die Heßhütte am Fuße des Tellersackkares, der zentrale Stützpunkt für das Hochtor

Oben: *Blick vom Admonter Kalbling zum Sparafeld*
Unten: *Begehrter Kletterberg mit gemütlichem Anstieg: der Admonter Kalbling*

Admonter Kalbling
2196 m

Tour 34

Gebiet:	Gesäuse
Charakteristik:	Einfache, aber sehr schöne Gipfelbesteigungen
Talort:	Admont, 640 m
Ausgangspunkt:	Oberst-Klinke-Hütte, 1486 m (von der Kaiserau mit dem PKW über die Mautstraße erreichbar)

Route: Von der Oberst-Klinke-Hütte kurz nach Osten an das Kalblinggatterl, 1542 m. Nun nach links in nördlicher Richtung und in Kehren aufwärts zur Kalbling-Südwand. Weiter nach links und entlang der Westwand steil in eine grüne Mulde empor, „Grüberach", 2000 m. Über den folgenden steinigen Hang mit einem Rechtsbogen östlich hinan auf den Speikboden. Auf dem Rasenkamm, später etwas schmäler und schrofig, in Richtung Südwesten zum Gipfel des Kalblings. Wieder abwärts zum Speikboden und empor zum Gipfel des Sparafeldes. Abstieg wie Aufstieg.
Variante: Beim Abstieg ist es auch noch möglich, die Riffel, 2106 m, zu besteigen.
Höhenmeter: 800

Höhenmeter:	800
Zeit:	2 / 3–4 Stunden
Stützpunkt:	Oberst-Klinke-Hütte, 1486 m
Karten:	ÖK 1: 50.000, Blatt Gesäuse oder Blatt 99
Sehenswertes:	Gesamtes Gesäuse von Hieflau bis Admont (Stift)

Der Admonter Kalbling und das Sparafeld bilden südlich der Enns den Ausläufer der Gesäuseberge. In unmittelbarer Nähe zum Admonter Reichenstein und zum Totenköpfl vermittelt dieser ebenfalls begehrte Kletterberg einen gemütlichen Anstieg. Dabei können wir den Felsakrobaten in den Kalblingwänden bei ihren Kletterunternehmungen zusehen.

Bereichert wird die Tour natürlich auch durch den Gipfelblick, der uns direkt in die Haller Mauern zum Großen Pyhrgas führt. Unter uns liegt andachtsvoll Admont mit seinem berühmten Stift. Auf der anderen Seite schweift dann unser Blick schon in die Bergkämme der Niederen Tauern. Hier herrschen nun nicht mehr die mächtigen Felsarenen vor, sondern viele, etwas sanftere Berggipfel machen uns ihre Aufwartung.
Selbstverständlich kann auch von Norden her über die Goferhütte und die Goferschütt zum Kalbling aufgestiegen werden. Diese Anstiege sind jedoch lang und immer auch mit Klettergeschick verbunden.
Wer jedoch eine ganz sanfte Route vorzieht, dem empfehle ich, von der Oberst-Klinke-Hütte gemütlich zur Mödlinger Hütte hinüberzuwandern. Dabei kann man über den Treffnersee noch zum Heldenkreuz aufsteigen.

Tour 34: ADMONTER KALBLING

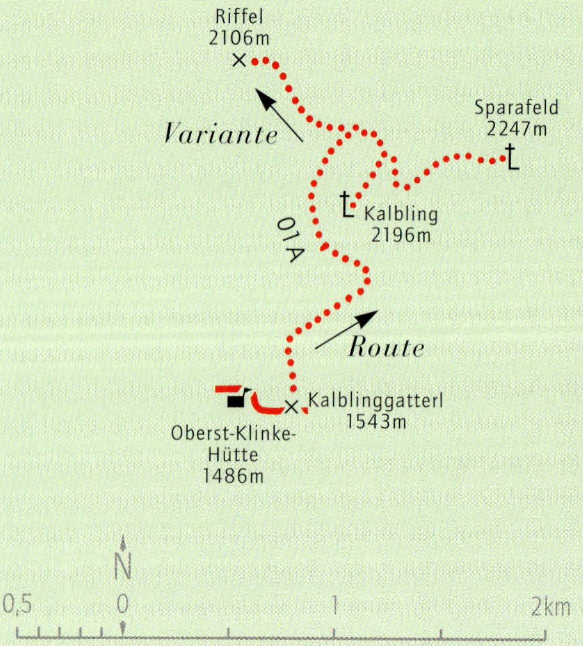

Natterriegel Hexenturm
2172 m

Tour 35

Gebiet:	Haller Mauern
Charakteristik:	Sehr abwechslungsreiche Bergtour mit schönem Gratanstieg im Felsgelände (Trittsicherheit!)
Talort:	Admont, 640 m
Ausgangspunkt:	Hall, 682 m

Route: Nach der Kirche rechts in den Ganggerlgraben, dann bald nach links auf die freie Anhöhe und nach rechts zur Waldstraße. Auf dieser bis zu einem Wegweiser. Hier links abzweigen und auf dem „Karl-Martin-Weg" in nördlicher Richtung aufwärts zum Rastköpferl, 1162 m. Östlich am Lärcheck vorbei und aufwärts in den Oberen Rabengraben. Auf dessen rechter Seite, vorbei an der Quelle „Thörlwirt", 1635 m, und geradeaus zum Admonter Haus, 1723 m, empor. Weiter nach Nordwesten auf den Rasenkamm. Auf diesem über eine kurze, versicherte Felsstufe und in der Folge versicherte Querung in der linken Flanke. Über Schrofen mittels 20 Meter langem Drahtseil aufwärts und weiter hinan auf den Bergkamm, 1883 m. Entlang diesem zum ersten Felsaufbau, dann links mittels Drahtseil vorbei und in den Nattersattel, 2020 m. Durch die Mulde hinauf zum Natterriegel, 2065 m.
Bis hierher 1400 Höhenmeter/4 Stunden. Der Übergang zum Hexenturm benötigt nochmals ca. 1,5 Stunden. Vom Natterriegel am Nordwestkamm über Schrofen abwärts in einen markanten Rasensattel, 1985 m, in der steilen und felsigen Nordwestflanke des Natterriegels mittels Seilsicherungen abwärts in das Roßkar. Dieses überqueren wir und gelangen so zu weiteren Felsgebilden. Unter diesen vorbei und durch eine Rinne auf einen kleinen Absatz empor, 1935 m. Durch die Mulde rechtshaltend empor und in steiler Wegführung hinauf zum Grat, 2025 m. Am Grat zu einem Steilaufschwung und in der rechten Flanke, nach einem Überhang, steil mittels Drahtseil auf einen Absatz. Nun folgt ein kurzer, gestufter und versicherter Grat. In der rechten Flanke am felsigen Gipfelaufbau entlang von Drahtseilen schräg rechts empor,

dann geradeaus (Drahtseil) auf den Grat und nach rechts zum Gipfelkreuz. Abstieg wie Aufstieg.

Variante: Zum Admonter Haus kann man auch vom Buchauer Sattel, 861 m, über das Grabneralmhaus, 1391 m, aufsteigen. Von Norden (Oberlaussa) führt ebenfalls ein sehr schöner Anstieg über den Kleinen und Großen Seeboden zum Admonter Haus hinauf.

Höhenmeter:	1850, nur Natterriegel 1400
Zeit:	5-6 / 9-10 Std., nur Natterriegel 4 / 6-7 Std.
Stützpunkt:	Admonter Haus, 1723 m
Karten:	ÖK 1: 50.000, Blatt Gesäuse oder Blatt 99
Sehenswertes:	Admont mit Stift, Jagdschloß Hall

Die Haller Mauern bilden im Nordwesten einen sehr eindrucksvollen Ausläufer der Gesäuseberge. Mit dieser Route gelangen wir auf einen prächtigen Aussichtspunkt und können im Zuge des Anstieges 4 schöne Gipfel besteigen, wenn zum Schluß noch zur Admonter Warte aufgestiegen wird. Diese Gipfelkombination ist trotz aller Bergschönheiten eine sehr lange und auch anstrengende Unternehmung. Trittsicherheit und eine gute Kondition sind unbedingt erforderlich. Möchte man es jedoch etwas gemütlicher, so wird der Natterriegel als alleinige Gipfelbesteigung reichen. Sinnvoll ist es auch, 2 Tage dafür einzuplanen. Dazu wird am Nachmittag zum Admonter Haus aufgestiegen, gut gegessen und übernachtet. Am nächsten Tag erfolgt die Überschreitung, welche nun nicht mehr so anstrengend ist.

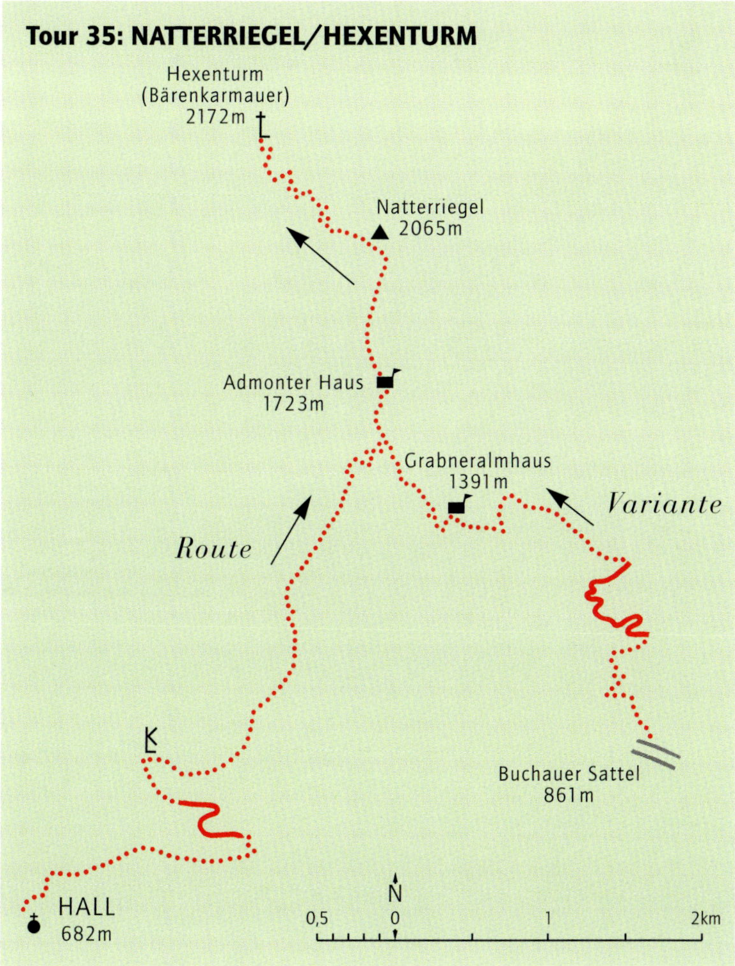
Tour 35: NATTERRIEGEL/HEXENTURM
Hexenturm
(Bärenkarmauer)
2172m
Natterriegel
2065m
Admonter Haus
1723m
Grabneralmhaus
1391m
Variante
Route
K
Buchauer Sattel
861m
HALL
682m
N
0,5
0
1
2km

Fernblicke zu den Haller Mauern von Westen: Großer Pyhrgas (links) und Scheiblingstein

Tour 36

Scheiblingstein
2197 m

Gebiet:	Haller Mauern
Charakteristik:	Lange Bergtour auf einen Prachtgipfel
Talort:	Admont, 640 m
Ausgangspunkt:	Mühlau, 749 m

Route: Von der Mühlau über die Gstattmaieralm, 963 m, vorbei am „Pyhrgasbrunn" (Quelle) bis zu einer Wegabzweigung bei großen Felsblöcken. Hier nach rechts und auf dem Steig in einem Rechtsbogen hinauf zur Pyhrgashütte, 1352 m. Durch Latschen weiter bergan und über den vom Scheiblingstein herabziehenden felsigen Kamm nach links ins Kar der „Langen Gasse". Durch dieses in nordöstlicher Richtung aufwärts und über einen steilen Rasenhang auf die Nordwestschulter, 2078 m. Am Hauptkamm in einem Rechtsbogen zum höchsten Punkt.
Variante: Sehr erlebnisreich gestaltet sich von Norden von Rosenau am Hengstpaß aus dem Dambachtal ein weiterer Anstieg. Über die Laglalm, dann durch das Laglkar und auf dem anschließenden, felsigen „Sepp-Wallner-Steig" (I) führt diese Route zum Scheiblingsteingipfel empor. Abstieg wie Aufstieg.

Höhenmeter:	1450
Zeit:	4–5 / 6–8 Stunden
Stützpunkt:	Gstattmaieralm, 963 m
Karten:	ÖK 1: 50.000, Blatt Gesäuse oder Blatt 99
Sehenswertes:	Admont mit Stift, Jagdschloß Hall

Der Scheiblingstein ist ein mächtiger Felsenberg, und sein Gipfel liegt mitten im Gratverlauf zwischen Hexenturm und Großem Pyhrgas. Sehr bekannt ist im Winter seine Schiroute, die einen ähnlichen Verlauf wie unsere Sommerroute nimmt. Ringsum wird der Scheiblingstein von großen Karen umgeben, aus denen interessante Felsbastionen aufragen. Sehr beeindruckend

ist seine senkrechte Westwand, die für Kletterer ein reizvolles Betätigungsfeld darstellt. Speziell die Route durch die direkte Westwand „Försterschreck" im VII. Schwierigkeitsgrad ist eine grandiose Felsfahrt.
Der Normalanstieg, den wir hier begehen, präsentiert sich als lange Bergfahrt. Seine Route ist nicht schwer und kann von jedem ausdauernden Wanderer gemeistert werden.

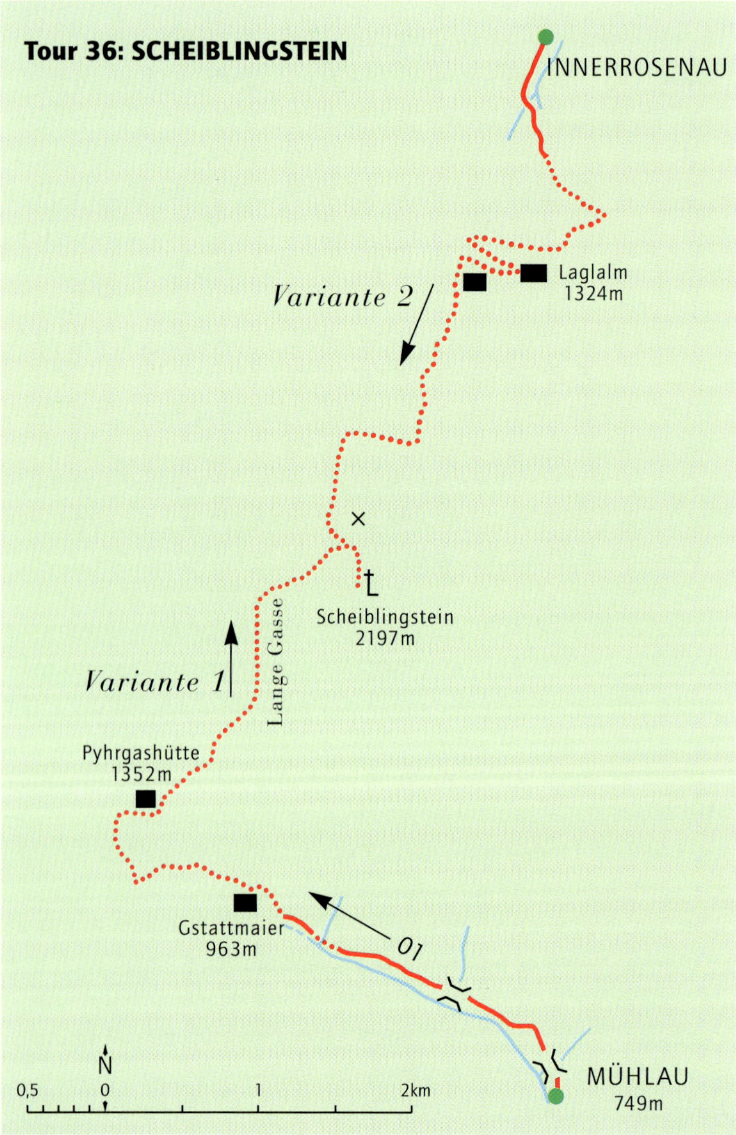

Großer Pyhrgas 2244 m

Tour 37

Gebiet:	Haller Mauern
Charakteristik:	Beliebte, klassische Bergtour mit reizvoller Routenführung
Talorte:	a) Ardning, 696 m, im Ennstal b) Spital am Pyhrn, 640 m
Ausgangspunkte:	a) Ardningalm, 1037 m, Sporthotel, mit Auto erreichbar; b) Hasenberg, Gasthof Grünau, 723 m

Route a: Von der Ardningalm in Richtung Norden auf einem Ziehweg, dann in Richtung Nordosten unterhalb der Bachermauern über die Bacheralm zum Pyhrgasgatterl. Linker Hand kurz zum nahen Rohrauerhaus, 1308 m.

Route b: Vom Gasthof Grünau entweder durch die Vogelsangklamm oder auf der Forststraße zur Bosruckhütte, 1043 m. In Richtung Osten geradeaus zum Rohrauerhaus, 1308 m. Es ist auch möglich, über die Hofalmhütte zum Rohrauerhaus aufzusteigen.

Am Rohrauerhaus/Pyhrgasgatterl vereinigen sich die Anstiege. Der Weiterweg erfolgt über den „Hofer-Steig". Vom Pyhrgasgatterl nach Norden auf den anfangs noch bewaldeten Kamm. In ca. 1600 m Höhe mittels Eisenkette an einem kurzen Grat vorbei, dann an der linken Rasenflanke steil empor und schräg links zu einem Absatz. Weiter aufwärts zu einem Felssporn. Erst rechts entlang, dann auf diesem bis auf einen Absatz. Geradeaus hinan, links an einer Felswand vorbei und gerade hoch bis auf 1940 m. Nun nach links und weiter gerade empor, dabei passieren wir eine kleine Stufe (Eisenkette), 2040 m. In der Folge über einen etwas vorspringenden Rasenrücken und weiter schräg links bergan auf einen breiten Rücken (Eisenkette). Danach steigen wir über einen Rasenhang schräg links aufwärts und gelangen dabei nahe an den rechten Abbruchrand und zum Gipfel.

Variante: Ein überaus lohnender Anstieg verläuft von Norden von Fahrenberg über die Gowilalm, 1375 m. Dabei wird unter den Wänden des Kleinen Pyhrgas, 2023 m, ins Holzerkar aufgestiegen.

Höhenmeter:	a) 1200, b) 1500
Zeit:	a) 3,5–4 / 6–7 Std., b) 4–5 / 6–8 Std.
Stützpunkte:	Sporthotel Ardningalm, 1037 m, Rohrauerhaus, 1308 m, Gasthof Grünau, 723 m, Bosruckhütte, 1043 m, Hofalmhütte, 1305 m
Karten:	ÖK 1: 50.000, Blatt Gesäuse oder Blatt 99
Sehenswertes:	Admont mit Stift, Jagdschloß Hall, Almmuseum Warteck kurz nach der Ardningalm, Vogelsangklamm, Spital am Pyhrn

Der Große Pyhrgas ist der westlichste und höchste Gipfel der Haller Mauern und zugleich der schönste Aussichtspunkt des Gesäuses. Nach allen Seiten hin fällt dieser klassische Gipfel schroff und steil ab. Dennoch führen die verschiedensten Anstiege zu seinem höchsten Punkt. Alle sind beeindruckend, verlangen aber eine gute Ausdauer und Trittsicherheit. Eine der schönsten Gratüberschreitungen führt vom Großen Pyhrgas zum Natterriegel. Diese Route setzt Bergerfahrung, Orientierungssinn, gute Kondition und Kletterkönnen im II. Schwierigkeitsgrad voraus. Die Haller-Mauern-Überschreitung zählt somit zu den lohnendsten Bergunternehmungen. 9–12 Stunden muß man jedoch für diese Route einkalkulieren.

Tour 37: GROSSER PYHRGAS
FAHRENBERG
Gowilalmhütte
1375m
Variante
Kleiner
Pyhrgas
2023m
Holzerkar
HASENBERG
723m
Route B
01
Vogelsang-
klamm
Großer
Pyhrgas
2244m
Rohrauerhaus
1308m
Bosruckhütte
1043m
Bachermauern
Bacheralm
Route A
Ardningalm
Sporthotel
1037m
N
0,5
0
1
2km

Tour 38

Hoher Nock

1963 m

Gebiet:	Sengsengebirge
Charakteristik:	Lange, wildromantische Bergtour
Talort:	Windischgarsten, 602 m
Ausgangspunkt:	Rading, Rettenbach 583 m, nordwestlich von Windischgarsten

Route: Von Rettenbach, Weggabelung mit Kreuz, wandern wir auf einer Forststraße längs des Rettenbaches zum Jagdhaus Rettenbach, 610 m. Hier zweigen wir links in Richtung Norden ab und steigen auf dem Budergrabensteig durch Wald zu einem Graben auf, der von Felsformationen gesäumt wird. Weiter in Kehren auf der linken Grabenseite aufwärts bis zum Merkensteinbründl. In einem Linksbogen durch eine Hochmulde erreichen wir Punkt 1779. Von hier in nordwestlicher Richtung oberhalb der Felsabbrüche zum Gipfel. Vom Gipfel in Richtung Westen über die Hochfläche bis zu einer Wegabzweigung mit Wegweiser. Geradeaus geht es hinauf zum Rohrauer Größtenberg, 1810 m. Wir zweigen aber links ab und steigen auf einem Bergrücken über Punkt 1683 in eine bewaldete Mulde ab und gelangen zur Jagdhütte Bärenriedlau, 1334 m. Der Weg führt nun in westlicher Richtung oberhalb des Höllgrabens weiter. Über zwei Schrofenzonen erreichen wir die Forststraße zur Kogleralm. Ein kurzes Stück auf dieser bergab (ca. 70 Höhenmeter), dann auf dem Weg nach links abzweigen und im Wald, eine Forststraße mehrmals überquerend, hinunter zum Saubachgut. Nun nicht weiter ins Tal absteigen, sondern in südöstlicher Richtung auf schönem Wanderweg und der Forststraße nach Koppen, Kreuz. Weiter auf der Forststraße nach Schröckstein und entlang dem Hinteren Rettenbach, der in der Folge überquert wird, zurück nach Rettenbach.
Variante: Gipfelsammler werden nach dem Hohen Nock noch die Besteigung des Rohrauer Größtenberges, 1810 m, anschließen.

Links: *Die anstrengende Klettersteigtour auf den Traunstein lohnt mit einem faszinierenden Tiefblick zum See.*

Höhenmeter:	1400
Zeit:	4 / 7 Stunden
Stützpunkte:	Keine
Karten:	ÖK 1: 50.000, Blätter 68 und 98
Sehenswertes:	Windischgarsten, Klauser See

Oberhalb der Tore des aufstrebenden Fremdenverkehrsortes Windischgarsten erheben sich die schroffen Gipfel des Sengsengebirges. Dabei bildet der Hohe Nock den höchsten Punkt. Das Sengsengebirge bettet sich mit seinen felsigen Formen im Eck der Steyr und Teichl harmonisch ein. Durch die Langgezogenheit dieser Berggruppe liegt auch eine Überschreitung von Ost nach West sehr nahe. Unterwegs kann die Biwakschachtel zwischen Gamskogel und Hochsengs gut zu einer Übernachtung herangezogen werden. Immer auf der Höhe wandernd, wobei Trittsicherheit und gute Ausdauer auf jeden Fall erforderlich sind, erleben wir durchwegs wunderbare Ausblicke ins Reichraminger Hintergebirge und auf die weitgestreckten Flächen des Toten Gebirges. Hier beherrscht natürlich der Große Priel das gesamte Bergpanorama. Obwohl diese Route eher selten begangen wird, ist sie von größtem alpinen Wert.

Tour 38: HOHER NOCK

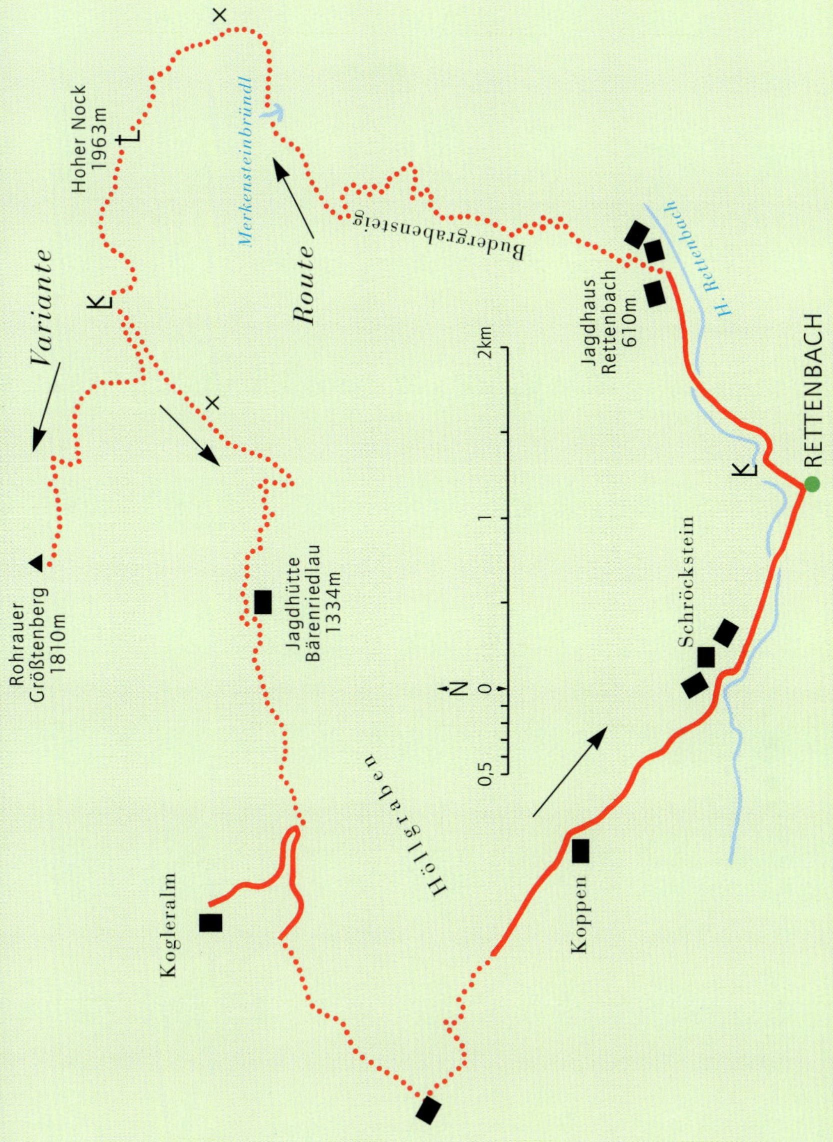

Oben: *Rast vor der Traunsteinhütte mit Blick zum Toten Gebirge*
Unten: Blick *vom Ausstieg des Naturfreundesteigs nach Westen. Von hier ist es nicht mehr weit bis zur Traunsteinhütte.*

Tour 39

Traunstein
1691 m

Gebiet:	Oberösterreichische Voralpen
Charakteristik:	Reizvolle, wenn auch etwas anstrengende Klettersteigtour
Talort:	Gmunden, 440 m
Ausgangspunkt:	Traunsteinstraße, ca. 1 km nach dem Gasthof Hois'n, 440 m, südlich von Gmunden am Ostufer des Traunsees, mehrere kleine Parkplätze

Route: Vom ersten Schlagbaum auf der Fahrstraße zu einem weiteren Schlagbaum und kurz danach bei einer Tafel links in den Wald hinein. Auf dem gut markierten Steig bis an die senkrechte Westwand heran. Unmittelbar am Wandfuß beginnt der Naturfreundesteig mit einer Gedenktafel und zwei langen Leitern. Auf dem mittels Drahtseilen und Leitern immer gut gesicherten Steig, zuletzt durch ein Felstor hindurch, zur Traunsteinhütte, 1581 m. Ein gemütlicher kurzer Spaziergang führt von hier zur Gmundnerhütte, 1666 m, und hinauf zum Gipfel. Abstieg wieder zur Hütte und über den anschließenden, versicherten Hans-Hernler-Steig gut bezeichnet ins Tal.
Variante: Ungeübte werden für An- und Abstieg den Normalweg über die Mairalm wählen.

Höhenmeter:	1250
Zeit:	3-3,5 / 5-6 Stunden
Stützpunkte:	Traunsteinhütte, 1581, Gmundnerhütte, 1666 m
Karten:	ÖK 1: 50.000, Blätter 66 und 67
Sehenswertes:	Gmunden, Ortskern, Traunsee

Seit alters her ist der Traunstein durch seine klimatisch begünstigte Lage an einem der schönsten österreichischen Seen ein bekannter und beliebter Berg. Steil fallen seine Felsflanken zum Traunsee ab. Zwei lohnende

Klettersteige, der Naturfreundesteig und der Hans-Hernler-Steig führen durch diese Abstürze. Immer gut gesichert, vermitteln diese beiden Anstiege ein grandioses Landschafts- und Bergerlebnis. Klettersteigsicherung, Trittsicherheit und Schwindelfreiheit sind jedoch unbedingt erforderlich! Immer mit Tiefblick zum See, steigen wir in abwechslungsreicher Routenführung hinauf zum Hochplateau, wo gleich zwei zünftige Hütten zu einer Stärkung einladen. Der Ausblick ins Tote Gebirge und ins Sengsengebirge ist als Draufgabe ein weiterer Höhepunkt.

Nach der Tour empfehle ich noch einen Rundgang in der alten Salzmetropole Gmunden. Bezaubernde Häuserfronten und alte, sehenswerte Details vermitteln im Ortskern ein interessantes Kulturerlebnis, das vielleicht in einem der gemütlichen Lokale und Kaffeehäuser endet.

Tour 39: TRAUNSTEIN

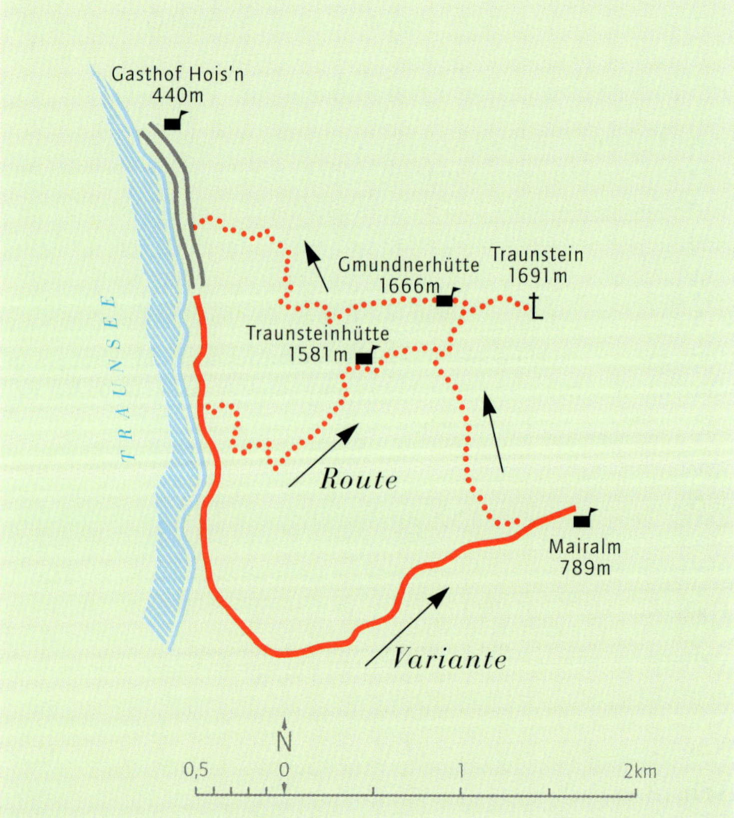

Tour 40

Warscheneck
2388 m

Gebiet:	Totes Gebirge
Charakteristik:	Tolle Bergroute über einen prächtigen Gratanstieg, der Trittsicherheit verlangt
Talorte:	Liezen, 664 m, Windischgarsten, 602 m
Ausgangspunkt:	Talstation Wurzeralmbahn, 807 m, an der Straße zum Pyhrnpaß

Route: Auffahrt mit der Wurzeralmbahn. Von der Bergstation, 1427 m, kurzer Abstieg zum Linzer Haus, 1371 m, und auf bezeichnetem Weg in westlicher Richtung zu einer Weggabelung, Lift. Hier nach rechts zum Brunnsteiner See, 1422 m, und längs des Weges steil ansteigend hinauf zu einem Bergkamm. Nach rechts erreicht man den Gipfel der Roten Wand. Am Kamm in einem Bogen auf die Flächen der Speikwiese und nördlich des Punktes 2137 m auf den Grat zum Toten Mann. Nun passieren wir einen Wegweiser (Route von der Zellerhütte über den Arbesboden) und steigen in südlicher Richtung zum Warscheneckgipfel auf. Abstieg am Südwestgrat, dann scharf rechts und über einen Schrofenhang hinunter in die Zwischenwändescharte, 2004 m. Von hier in Richtung Süden, westlich am Roßarsch, 2205 m, vorbei zum Angerersattel, Luckerhütte. Bei dieser Wegkreuzung wenden wir uns nach Osten und wandern südlich am Eisernen Bergl, 1955 m, über die Flächen des Burgstalls zur Wurzeralm zurück. Abstieg zu Fuß oder Abfahrt mit der Wurzeralmbahn ins Tal.
Variante: Es ist auch möglich von Windischgarsten/Roßleithen über die Stofferalm, 1495 m, aufzusteigen.

Höhenmeter:	1000
Zeit:	3,5 / 5,5 Stunden
Stützpunkte:	Linzer Haus, 1371 m
Karte:	ÖK 1: 50.000, Blatt 98
Sehenswertes:	Windischgarsten, Liezen als Einkaufsstadt

Das Tote Gebirge ist eine der beeindruckendsten Karsthochflächen der Alpen. Am Pyhrnpaß nimmt diese Gebirgsgruppe ihren Anfang und erstreckt sich bis vor die Tore von Bad Ischl. Viele lohnende Berggipfel gibt es hier zu besteigen. Die Routen sind nicht allzu schwierig, wenngleich Trittsicherheit immer erforderlich ist. Bedingt durch die Weite der Flächen sind eine gute Sicht und eine stabile Wetterlage Grundbedingungen zur Durchführung der Touren.
Zum Warscheneck nimmt uns die Wurzeralmbahn schon ein gehöriges Stück des Aufstiegsweges ab. So haben wir alle unsere Kräfte für den herrlichen Gratanstieg gespart. Dabei gibt es wieder einmal unvergeßliche Ausblicke und eine sehr abwechslungsreiche Wegführung.

Beim Aufstieg zum Warscheneck: Blick über die Dümlerhütte hinweg nach Osten zum Sengsengebirge

Tour 40: WARSCHENECK

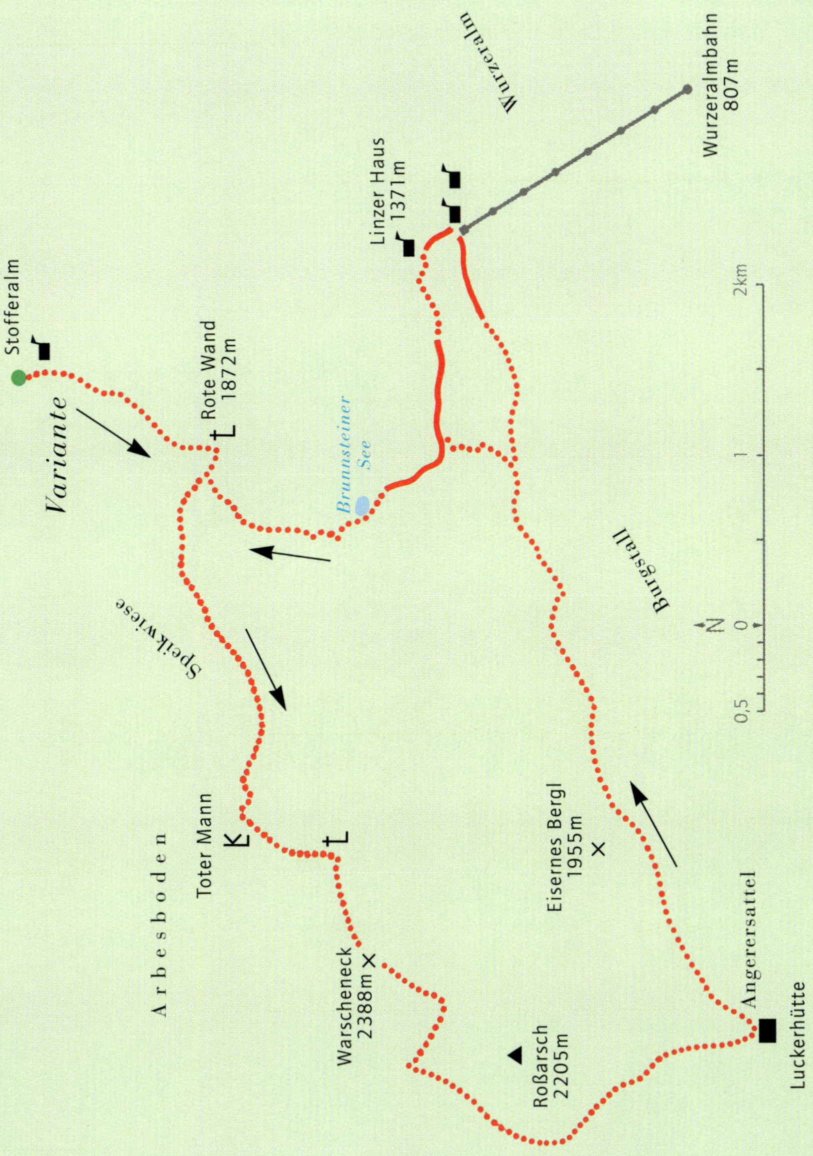

Hochmölbing
2336 m

Tour 41

Gebiet:	Totes Gebirge
Charakteristik:	Lohnende, jedoch ohne Nächtigung sehr lange Gipfeltour
Talort:	Weißenbach bei Liezen, 654 m
Ausgangspunkt:	Ende der Häusergruppe im Weißenbachtal, 680 m

Route: Gleich zu Beginn bei der markanten Weggabelung nach links sanft im Wald zu einem Kreuz aufwärts und weiter auf einer Forststraße. In der Folge überqueren wir auf einer Brücke den Langpoltenbach und wandern in Kehren aufwärts bis rechts der Fußweg zur Torrisalm abzweigt. Auf diesem bis zu einer Wegteilung kurz vor der Langpoltenalm. Hier nach rechts und durch eine bewaldete Mulde hinan zum Hochtor. In Richtung Norden zum Fiedelbrunn, wo wir rechts abzweigen (links geht es zur Liezener Hütte, 1762 m). In der Folge erreichen wir die Flächen der Steinfelder-Schwarzkoppen und steigen in nordöstlicher Richtung zur Brunnalm, 1780 m, auf. Hier zweigen wir wieder links ab und erreichen die Schrofen des Querlsteins. Über diese aufwärts und kurz nach Westen querend auf die Hochfläche des Querlsteins, 2084 m. In nördlicher Richtung am Bergkamm auf den Mittermölbing, 2318 m, und am über den Grat zum Hochmölbing und zur Kreuzspitze. Weiter am Bergkamm in Richtung Nordosten zum Schrocken, 2281 m, und Abstieg in die Elmscharte, 2203 m. Weiterer Abstieg nach Süden zu einer Wegkreuzung. Hier nach rechts zum Schrockenloch und zum Brunner See. Über die Großwiese zur Brunnalm zurück. Dann Abstieg wie Aufstieg.

Variante: Als sehr lohnend erweist sich auch der Abstieg vom Mittermölbing über den Kleinmölbing zur Hochmölbinghütte, 1684 m. Über diese Route kann auch aufgestiegen werden. In diesem Sinne als Rundtour sehr empfehlenswert.

Links: *Pause auf einem Karrenfeld im Bereich des Toten Mannes, dahinter das Warscheneck*

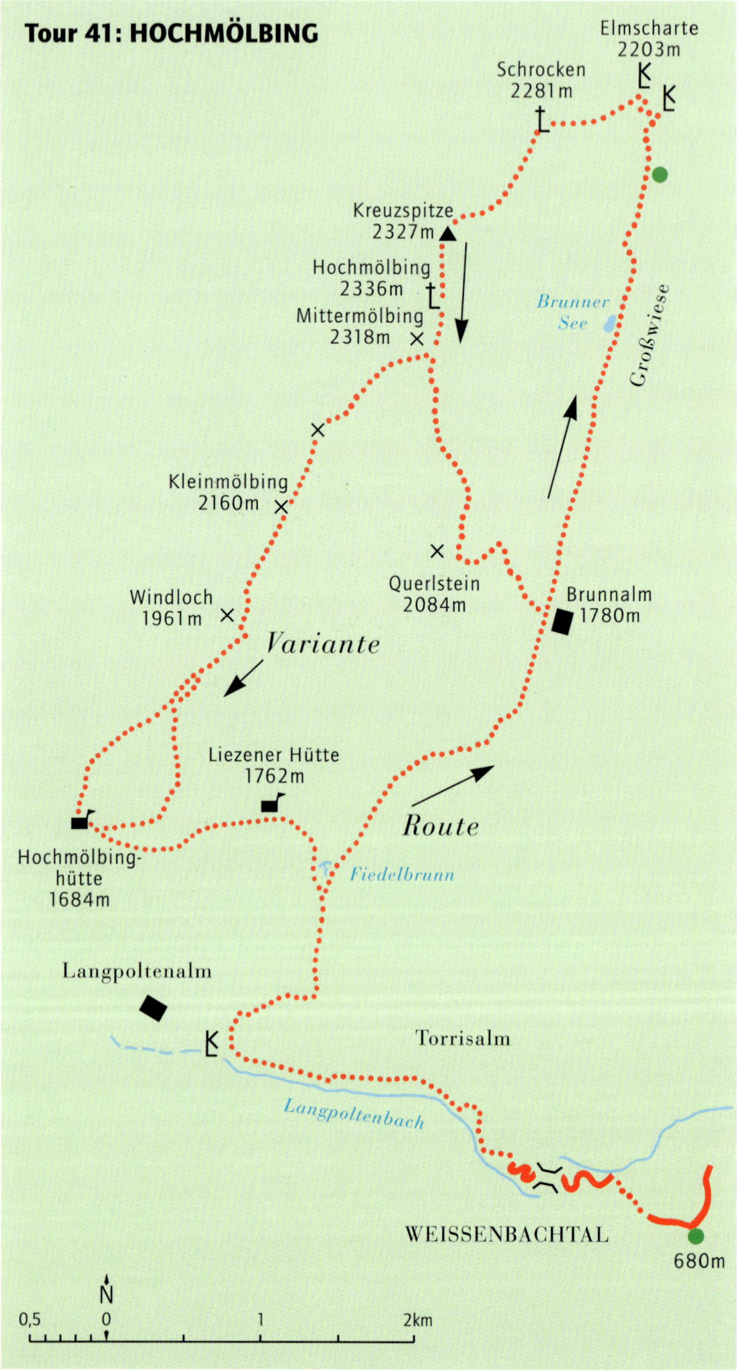
Tour 41: HOCHMÖLBING
Elmscharte
2203m
Schrocken
2281m
Kreuzspitze
2327m
Hochmölbing
2336m
Mittermölbing
2318m
Brunner
See
Großwiese
Kleinmölbing
2160m
Querlstein
2084m
Windloch
1961m
Brunnalm
1780m
Variante
Liezener Hütte
1762m
Route
Hochmölbing-
hütte
1684m
Fiedelbrunn
Langpoltenalm
Torrisalm
Langpoltenbach
WEISSENBACHTAL
680m
N
0,5
0
1
2km

Oben: *Markante Erhebung in der Warscheneckgruppe: der Hochmölbing von Süden*
Unten: *Das Seelein im Nahbereich der Höchmölbinghütte, eine bereits selten gewordene Almidylle*

Höhenmeter:	1700
Zeit:	5,5 / 8-9 Std., 3 Std. bis zur Liezener Hütte
Stützpunkte:	Liezener Hütte, 1762 m Hochmölbinghütte, 1684 m
Karte:	ÖK 1: 50.000, Blatt 98
Sehenswertes:	Liezen als Einkaufsstadt, Schloß Grafenegg

In der Warscheneckgruppe bildet der Mölbingstock mit Mitter- und Hochmölbing eine sehr markante Erhebung mit einer äußerst lohnenden Gipfelroute. Gute Kondition und Ausdauer sind dafür jedoch notwendig, wenn man keine Zwischennächtigung einlegt.
Empfehlenswert ist auch die Überschreitung zum Warscheneck, da man fast immer auf Bergkämmen und Graten unterwegs ist. Eine ebenfalls lange Bergunternehmung, die aber sehr erlebnisreich verläuft.

Tiefblick vom Großen Priel, dem höchsten Berg des Toten Gebirges, auf das Talbecken von Hinterstoder

Großer Priel
2515 m

Tour 42

Gebiet:	Totes Gebirge
Charakteristik:	Top-Bergtour zum höchsten Gipfel im Toten Gebirge Trittsicherheit erforderlich!
Talorte:	a) Grünau im Almtal, 528 m b) Hinterstoder, 591 m
Ausgangspunkte:	a) Almtalerhaus, 710 m b) Schiederweiher, 612 m

Route a: Vom Almtalerhaus auf einer Forststraße taleinwärts in die Hintere Hetzau zur Talstation der Materialseilbahn zur Welser Hütte, 942 m. Nun folgen wir dem gut bezeichneten Weg in Kehren durch den Ackergraben hinauf zur Welser Hütte, 1726 m. Eventuell Nächtigung. Von der Hütte in südlicher Richtung zuerst sanft, dann steiler ansteigend durch ein Kar unterhalb der „Fleischbänke" in den Fleischbanksattel, 2123 m. Hier wenden wir uns nach links, nach Osten, und steigen über Schrofen und Schotterflächen zum Südwestgrat auf. Über diesen zum Gipfel. Abstieg wie Aufstieg.
Route b: Vom Schiederweiher auf einer Forststraße, vorbei am Polstergut, zur Talstation der Materialseilbahn zum Priel-Schutzhaus (Polsterlucke), 660 m. Kurz vorher auf dem Fußweg nach rechts über eine Brücke und in vielen Kehren unterhalb der Materialseilbahn gut bezeichnet hinauf zum Priel-Schutzhaus, 1420 m. Eventuell Nächtigung. Von hier folgen wir dem markierten Weg geradeaus, vorbei an einer Wegabzweigung, ins Kühkar. Durch dieses bergan und zuletzt eventuell über Altschneefelder zum Beginn der Felsen. Mittels Sicherungen in die Brotfallscharte, Priel-Schutzhöhle, hinauf. Nach Norden über karstige Flächen zum Südwestgrat und über diesen zum Gipfel.
Variante: Geübte Kletterer können am Südgrat im zweiten Schwierigkeitsgrad zum Großen Priel aufsteigen.

Höhenmeter:	a) 1800, b) 1900
Zeit:	a) 5-6 / 8-9 Std., 3 Std. zur Welser Hütte b) 6 / 9 Std., 3 Std. zum Priel-Schutzhaus
Stützpunkte:	Welser Hütte, 1815 m, Priel-Schutzhaus, 1420 m
Karten:	ÖK 1: 50.000, Blätter 97 und 98, besser AV-Karte 1: 25.000, Blatt Totes Gebirge Mitte
Sehenswertes:	Hinterstoder

Mit dieser Tour besteigen wir den höchsten Gipfel im Toten Gebirge. . Seine Routen sind bekannt und auch sehr beliebt. Zwischen Hinterstoder und Almtal zieht der Bergverlauf des Großen Priels über die Spitzmauer und den Hebenkas nach Süden zur Tauplitzalm. Großer Priel, Schermberg, Temlberg und Spitzmauer sind dabei die begehrtesten Gipfelziele. Neben den Normalwegen stehen auch für die Felskletterer außerordentlich schöne Routen zur Verfügung. Die für alle Wege sehr zentral gelegenen Hütten sind gemütliche Stützpunkte und laden gerne zu einer stärkenden Hausmannskost ein.
Berühmt ist am Großen Priel sein überdimensionales Gipfelkreuz. In der Farbe Rot leuchtet es schon von weitem vom Gipfel. Die Faszination der überwältigenden Ausblicke, die sich bei der Besteigung ergibt, läßt dieses Bergerlebnis zu einem echten Höhepunkt werden.

Bergerlebnis am Großen Priel: über dem Nebelmeer bei der Welser Hütte

Tour 42: GROSSER PRIEL

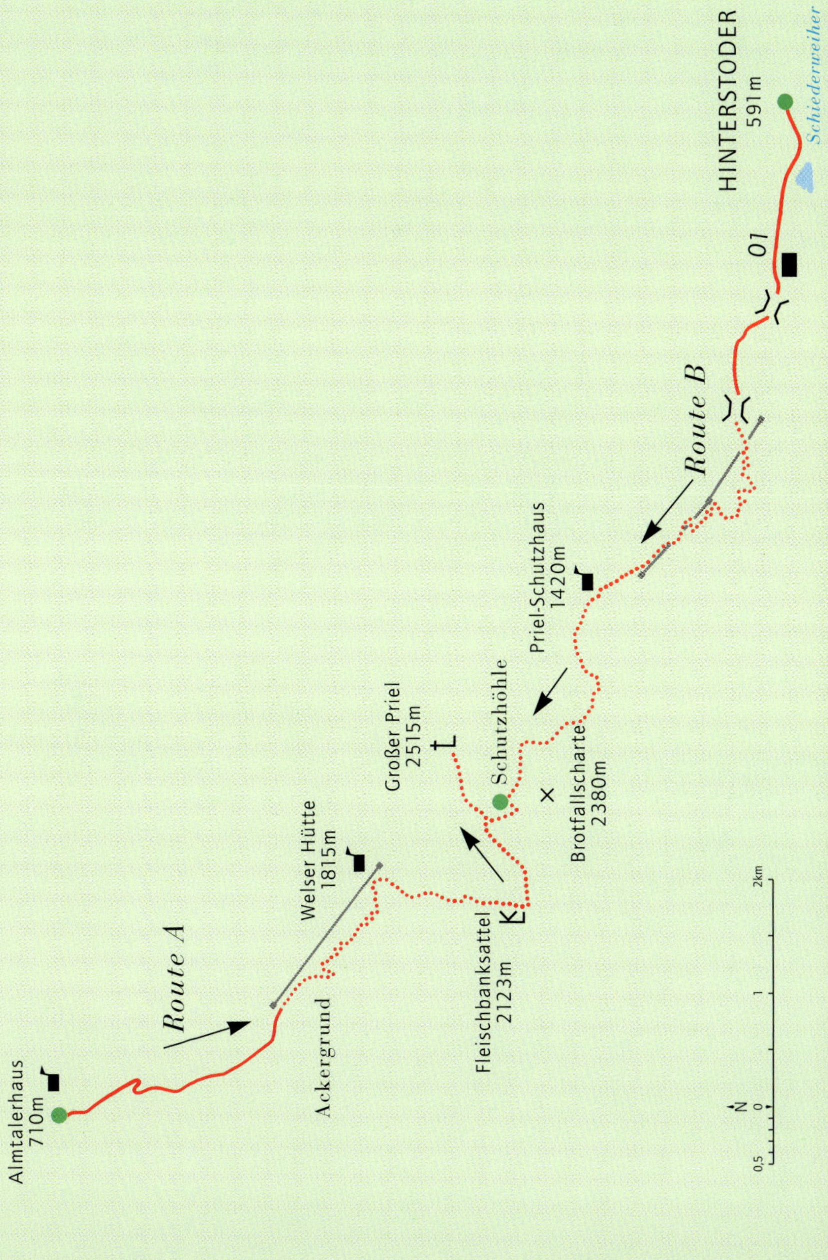

Tour 43

Spitzmauer
2446 m

Gebiet:	Totes Gebirge
Charakteristik:	Parade-Bergtour zum Priel-Nachbarn
Talort:	Hinterstoder, 591 m
Ausgangspunkt:	Schiederweiher, 612 m

Route: Vom Schiederweiher auf einer Forststraße, vorbei am Polstergut, zur Talstation der Materialseilbahn, zum Priel-Schutzhaus (Polsterlucke), 660 m. Kurz vorher auf dem Fußweg nach rechts über eine Brücke und in vielen Kehren unterhalb der Materialseilbahn gut bezeichnet hinauf zum Priel-Schutzhaus, 1420 m. Eventuell Nächtigung. Von hier folgen wir dem markierten Weg geradeaus zu einer Wegabzweigung. Hier nun nicht ins Kühkar, sondern links gemütlich ansteigend zum Beginn der Schrofen unterhalb der Klinserschlucht. Durch diese in die Klinserscharte, 1805 m, und weiter in westlicher Richtung flach auf einen Boden. Hier nach links, geradeaus zum Temlbergsattel. In der Folge umrunden wir den Weitgrubenkopf, 2259 m, und gelangen in den Maisenbergsattel. In nordöstlicher Richtung über den Spitzmauernplan und anschließend nach Osten in Kehren bergan zum Gipfel. Abstieg wie Aufstieg.
Variante: Lohnend ist auch die Besteigung des Temlberges, 2331 m, über den Temlbergsattel.

Höhenmeter:	1850
Zeit:	6 / 9 Stunden, 3 Stunden zum Priel-Schutzhaus
Stützpunkt:	Priel-Schutzhaus, 1420 m
Karten:	ÖK 1: 50.000, Blätter 97 und 98, besser AV-Karte 1: 25.000, Blatt Totes Gebirge Mitte
Sehenswertes:	Hinterstoder: Kräuterlehrpfad, Dietl- und Kreidehöhle

Links: *Ein gemütlicher Stützpunkt im Toten Gebirge: die Welser Hütte*

Als mächtige Felsenmauer ragt der Gipfel der Spitzmauer, einer der eindruckvollsten Bergnachbarn des Hohen Priel empor. Nur der Temlbergsattel und der Fleischbanksattel trennen ihn vom Gebiet der Welser Hütte. Durch diese gute Lage sind neben der Spitzmauer eben auch der Temlberg und der Schermberg mögliche Gipfelziele. Beliebt ist auch der Übergang vom Priel-Schutzhaus ins Almtal.

Morgenstimmung im Toten Gebirge

Tour 43: SPITZMAUER

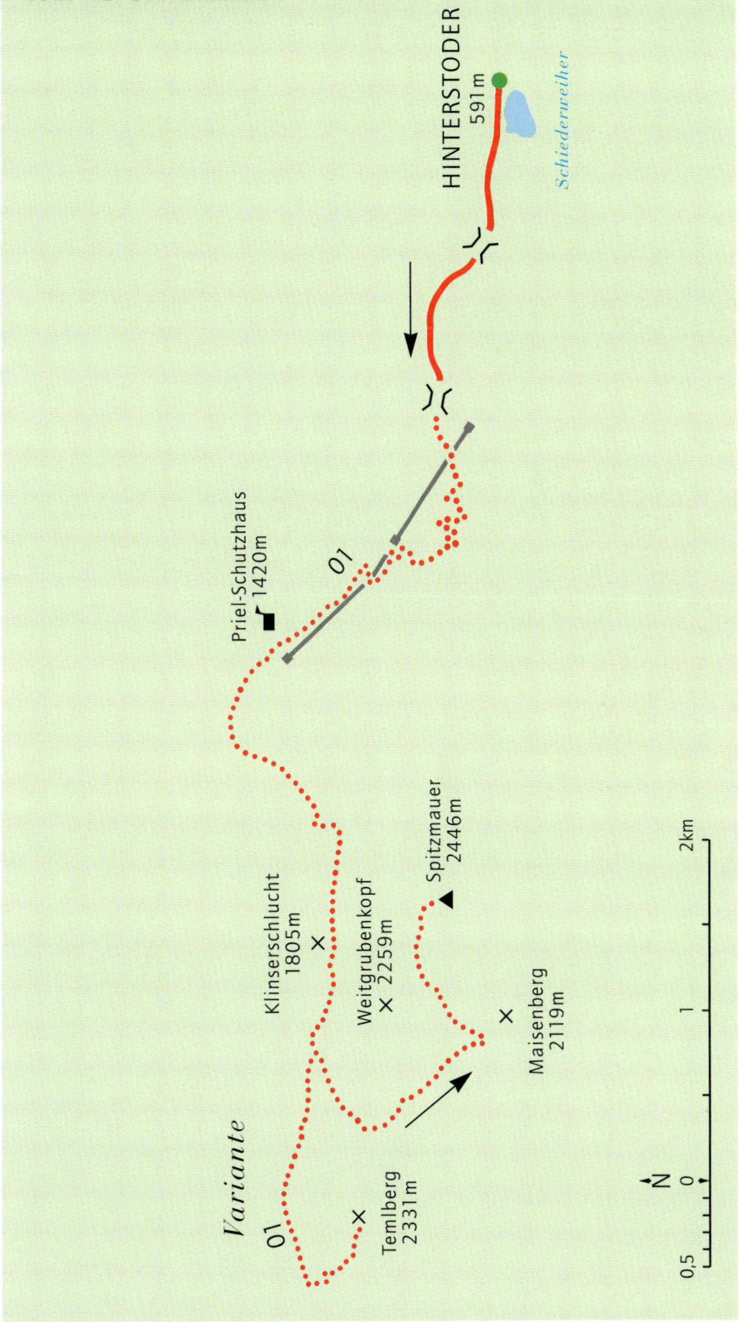

Tour 44

Wildgößl
2062 m

Gebiet:	Totes Gebirge
Charakteristik:	Rundtour zu einem idyllisch gelegenen Bergsee
Talort:	Gößl am Grundlsee, 720 m
Ausgangspunkt:	Bei den letzten Häusern, unterhalb der Gößler Wand, 750 m

Route: Auf einem markierten Waldweg steigen wir zur Gößler-Schwaiber-Alm auf. Diese lassen wir links liegen und zweigen bei einer Weggabelung rechts ab. Über das Kanzlermoos und das Draußengatterl, 1380 m, erreichen wir schließlich den Vorderen Lahngangsee, 1494 m, mit der Lahngangalm. Weiter auf dem Weg zur Jagdhütte in der Elmgrube, 1622 m. Hier teilt sich wieder der Weg. Geradeaus geht es über das Windloch zur Pühringerhütte, 1637 m, am Elmsee. Wir aber halten uns nach links und steigen in nördlicher Richung zum Abblasbühel auf. Nach einer kleinen Lacke nach links zu den Felsformationen des Wildgößl empor und jenseits in nordwestlicher Richtung zum höchsten Punkt. Abstieg geradeaus hinunter, westlich am Salzofen, 2070 m, vorbei und durch das Längtal hinab zur Gößler Alm. Dann auf einem Waldsteig, an den Felsen der „Walzen" vorbei zum Anstiegsweg hinunter. Auf diesem ins Tal zurück.
Variante: Über die Pühringerhütte kann noch das Rotgschirr, 2270 m, bestiegen werden.

Höhenmeter:	1300
Zeit:	4 / 6 Stunden
Stützpunkte:	Keine, ev. Pühringerhütte, 1637 m
Karte:	ÖK 1: 50.000, Blatt 97
Sehenswertes:	Grundlsee, Toplitzsee

Sonne, Licht und Schatten im Toten Gebirge

Der Gipfel des Wildgößls ist weniger bekannt, bietet aber eine lohnenswerte Rundtour, wobei der Vordere Lahngangsee gerne zum Verweilen einlädt. Oberhalb des Grundlsees breitet sich diese Region des Toten Gebirges mit einigen leicht ersteigbaren Berggipfeln aus. Immer wieder tauchen kleinere Bergseen auf, die dieser unwirtlichen Hochfläche einen Hauch von Romantik verleihen. Gerne wird auch der Übergang vom Wildgößl zum Albert-Appel-Haus unternommen. Danach kann über die Brunnwiesenalm und den Almbergweg direkt zum Grundlsee abgestiegen werden.

Tour 45

Grimming
2351 m

Gebiet:	Dachsteingebirge
Charakteristik:	Sehr lange und anstrengende Tour, die im Felsgelände Umsicht und Trittsicherheit erfordert
Talort:	Irdning, 673 m
Ausgangspunkt:	Niederstuttern, 649 m

Route: Von Niederstuttern folgen wir einer Forststraße zur Grimminghütte, 966 m (1 Stunde). Weiter durch Wald, eine Forststraße überqueren und auf dem Weg bergan zum Beginn der Felsen. Der Steig schlängelt sich nun gut bezeichnet entlang der Ostseite des Berges und umgeht östlich das Kar des Kastens. Schließlich erreichen wir das Multereck, 2176 m. In südwestlicher Richtung am Bergkamm zum höchsten Punkt. Abstieg wie Aufstieg.
Variante: Gerne wird auch von Klachau-Kulm durch den Stribinggraben und das Kar des Farbkogels und der Schartenspitze aufgestiegen. Durchaus sinnvoll ist die Kombination beider Routen.

Höhenmeter:	1700
Zeit:	4–4,5 / 6–7 Stunden
Stützpunkt:	Grimminghütte, 966 m
Karte:	ÖK 1: 50.000, Blatt 97
Sehenswertes:	Tauplitzalm, Bad Mitterndorf

Genau am Eck zwischen Salzastausee und Ennstal erhebt sich aus der Ebene der Grimming. Schon von weitem ist er mit seinen felsigen und abweisenden Flanken sichtbar. Gleich beim ersten Anblick wird einem Respekt eingeflößt. Das aber auch nicht ohne Grund, denn die Anstiege sind hochalpin, verlangen Trittsicherheit und ein gutes Maß an Kondition. Bedingt durch seine Ecklage gestaltet sich der Gipfelblick natürlich sehr weitreichend. Vom unmittelbar nördlich liegenden Toten Gebir-

ge bis über die Bergspitzen der Niederen Tauern und des Dachsteinmassivs wandern unsere Blicke, wenn das Bergschauen nicht enden will.

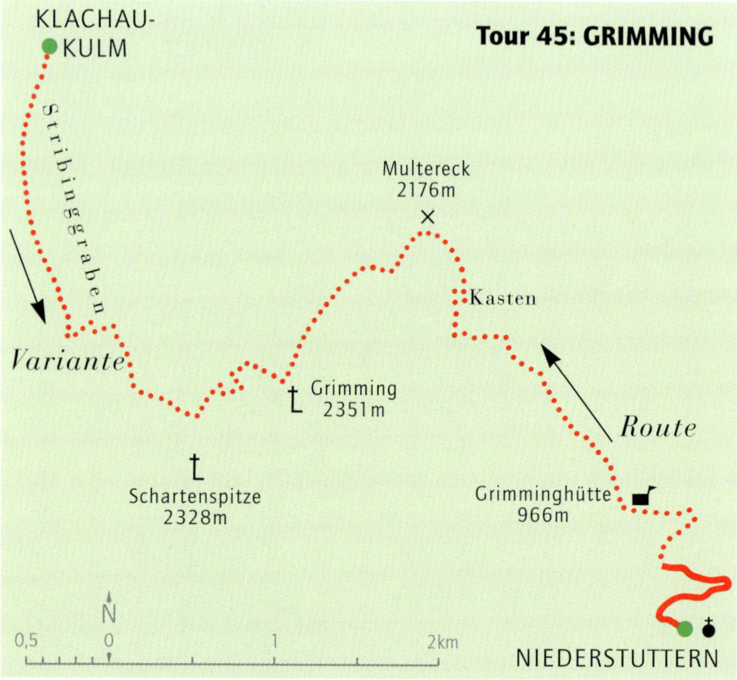

Der Grimming von Osten, links im Hintergrund der Dachstein

Sandling
1717 m

Tour 46

Gebiet:	Totes Gebirge
Charakteristik:	Nette Rundtour auf einen schönen Aussichtsberg
Talort:	Bad Aussee, 659 m
Ausgangspunkt:	Neunhäuser, 900 m, erreichbar über die Verbindungsstraße von Bad Aussee nach Bad Goisern über die Pötschenhöhe, 993 m

Route: Von der Siedelung Neunhäuser, kurz unterhalb des Klammeckkogels, folgen wir dem bezeichneten Wanderweg zuerst über Wiesen, dann durch Wald aufwärts. Bei einer Höhe von 1140 m überqueren wir den Sandlingbach und zweigen rechts ab. Weiter in Richtung Norden bergan bis zu einer Alm oberhalb der Lambacher Hütte, 1432 m. Von der Alm am Weg geradeaus zu einer Wegkreuzung, wo wir rechts abzweigen und mittels eines Rechtsbogens von Norden zum Gipfel gelangen. Abstieg nach Norden zur Sandlingalm, unterhalb des Pötschensteins, 1359 m. Nun auf dem Wanderweg durch Wald östlich am Rehkogel, 1260 m, vorbei und hinab zu einer Forststraße, Salzbergwerk. Auf dieser zwischen Scheiblkogel und Dietrichskogel in Richtung Süden, bis nach einer markanten Kurve der Wanderweg links abzweigt. Auf diesem zum Ausgangspunkt zurück.
Variante: Es ist auch möglich, über die Blaa-Alm, 894 m (nördlich der ersten großen Kehre der Loserstraße), aufzusteigen.

Höhenmeter:	800
Zeit:	2 / 4 Stunden
Stützpunkt:	Lambacher Hütte, 1432 m
Karte:	ÖK 1: 50.000, Blatt 96
Sehenswertes:	Bad Aussee, Altaussee, Salzbergwerk, Loserstraße

Der Sandling erhebt sich mitten im Ausseer Land zwischen Bad Goisern und Altaussee. Sein Gipfelaufbau ist schroff und felsig, wobei jedoch viele verschiedene Wege zum höchsten Punkt führen. Selbst vom etwas weiter entfernt liegenden Bad Ischl leiten einige lohnende Routen zum Sandling. In diesem Gebiet kann man sich die Routenführung geradezu aussuchen. Für jeden Anspruch ist gesorgt. Am schönsten gestaltet sich natürlich die Gipfeltour. Nicht nur der Anstieg, sondern vor allem auch der wunderbare Ausblick ins Tal, zum Toten Gebirge und zum Hallstätter See lassen diese Besteigung zu einem unvergeßlichen Erlebnis werden.
Nach der Tour sollte man noch unbedingt in Bad Goisern, Bad Ischl oder Bad Aussee einen ausgedehnten Spaziergang unternehmen. Obwohl diese Orte Fremdenverkehrszentren ersten Ranges sind, spürt man, wie lebendig hier das alte Brauchtum noch ist.

Tour 46: SANDLING

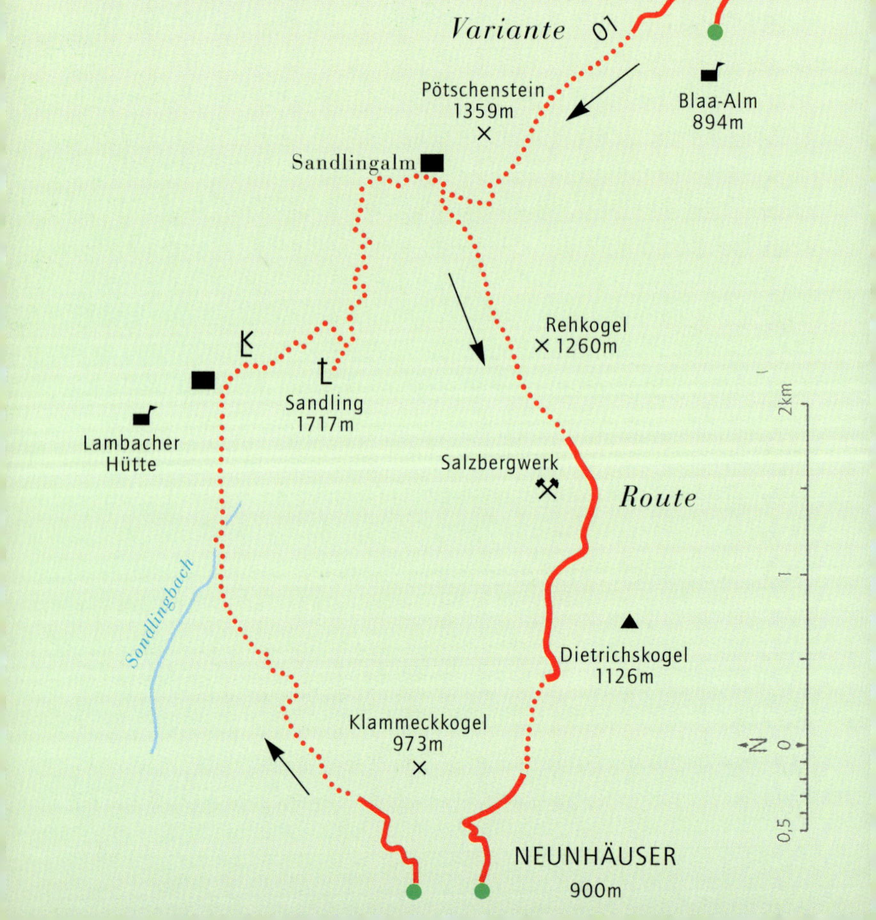

Hoher Sarstein
1975 m

Tour 47

Gebiet:	Dachsteingebirge
Charakteristik:	Lohnende Gipfeltour vor den Toren des Dachsteins, die Trittsicherheit erfordert
Talort:	Bad Goisern, 502 m
Ausgangspunkt:	Pötschenhöhe, 993 m

Route: Von der Pötschenhöhe folgen wir einem Waldweg in östlicher Richtung, überqueren den Raffelgraben und gelangen zu einer Wegabzweigung. Hier geradeaus bergan, zuerst noch im Wald, dann im Schrofengelände in Kehren steil aufwärts und später nach Westen zur Sarsteinalm, 1695 m. Von der Alm nach Süden und in Kehren hinauf zum Gipfel. Abstieg wieder zur Sarsteinalm, dann nach Westen und rechts des Rotengrabens steil hinunter zur Pötschenstraße. Ev. zweites Auto benutzen oder per Anhalter, Taxi zum Ausgangspunkt zurück.
Variante: Sehr lohnend erweist sich auch die Überschreitung vom Sarstein zum Gröbkogel, 1724 m. Abgestiegen wird dann zur Sarsteinhütte, 1620 m, von wo wir durch den Brettsteingraben nach Obertraun hinunterwandern.

Höhenmeter:	1000
Zeit:	2,5-3 / 4-5 Stunden
Stützpunkt:	Sarsteinalm, 1695 m
Karte:	ÖK 1: 50.000, Blatt 96
Sehenswertes:	Hallstatt, Hallstätter See, Salzbergwerk, Bad Goisern

Zwei lohnende Bergziele schließen den Hallstätter See im Westen und im Osten ein. Der Plassen, 1953 m, direkt oberhalb von Hallstatt, und das Massiv des Sarsteins, zwischen der Pötschenhöhe und Obertraun gelegen, sind Tourenziele von seltener Landschaftsschönheit. Die Aus-

blicke ins Ausseerland vermitteln eine Fülle von Bergeindrücken. Von diesen waldreichen Alpinregionen schweift schließlich unser Blick ins südlich gelegene Dachsteinmassiv. Karstige Hochflächen und glitzernde Gletscher künden von hochalpinen Routen. Hier findet jeder Bergsteiger sein Betätigungsfeld.

Tour 47: HOHER SARSTEIN

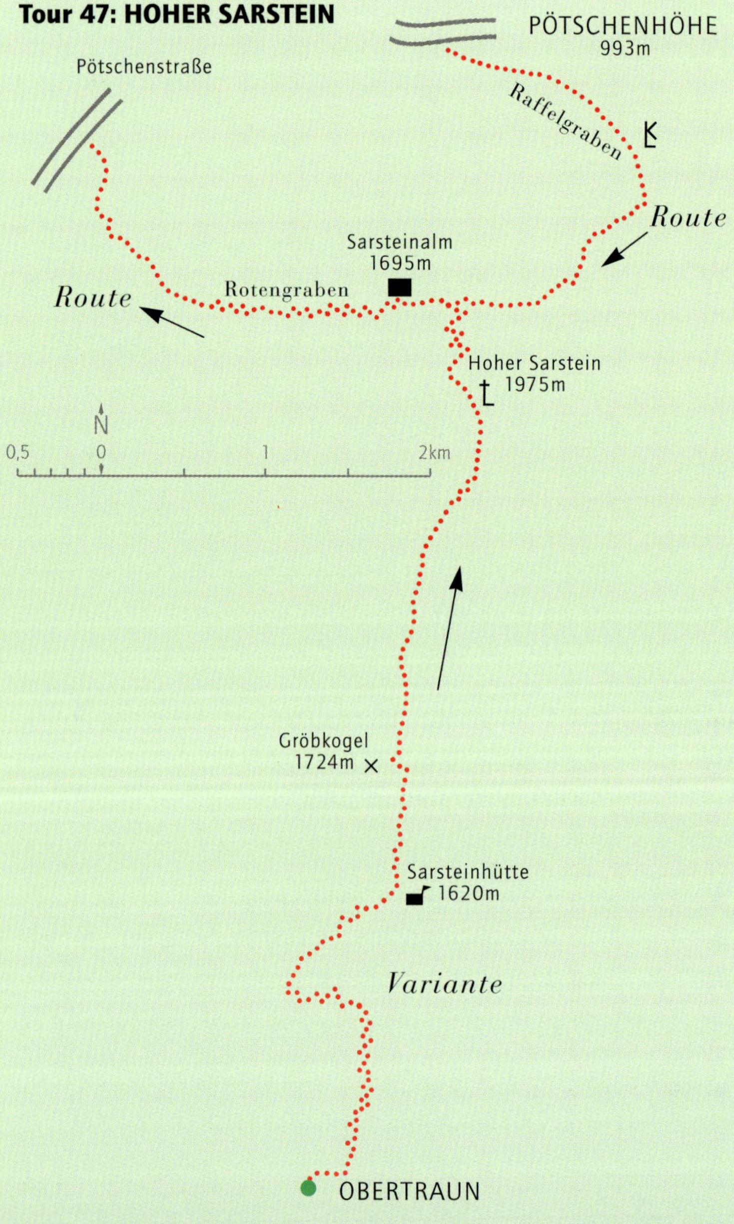

Hoher Dachstein
2995 m

Tour 48

Gebiet:	Dachsteingebirge
Charakteristik:	Hochalpine Bergunternehmung, die Gletschererfahrung und etwas Klettergeschick voraussetzt. Vorsicht: Randkluft vor dem Gipfelanstieg, die manchmal etwas Geschick und Überwindung erfordert.
Talorte:	a) Ramsau am Dachstein, 1135 m, b) Obertraun, 513 m, c) Gosau, 767 m
Ausgangspunkte:	a) Talstation der Dachstein-Seilbahn, 1692 m b) Talstation der Krippenstein- Seilbahn, 569 m c) Vorderer Gosausee, 937 m

Route a: Auffahrt mit der Dachstein-Seilbahn zum Hunerkogel, 2687m. Kurzer Abstieg zum Schladminger Gletscher, Liftgebiet. In Richtung Nordwesten zum Hallstätter Gletscher und über diesem am Felsstock der Dirndln nördlich vorbei. Weiter zur Dachsteinwartehütte, 2735 m (Spalten). An der „Schulter" nördlich herum und über eine steiler werdende Flanke zu den Felsen des Hohen Dachsteins empor. Hier beginnen die Sicherungen, die zum Gipfel führen. Abstieg wie Aufstieg.
Route b: Auffahrt mit der Krippenstein-Seilbahn bis zur Gjaidalm, 1788 m. Nun folgen wir immer dem bezeichneten Weg zuerst in westlicher, dann in südlicher Richtung zur Simonyhütte, 2205 m. Übernachtung empfehlenswert. Von der Hütte kurzer Abstieg nach Süden, dann bei einer Wegabzweigung, 2162 m, nach rechts und in südwestlicher Richtung zu einem Bildstock am Beginn des Hallstätter Gletschers. Unterhalb der Gipfel des Niederen und des Hohen Kreuzes auf dem Gletscher bergan (Spalten). Östlich an der Steinerscharte und am Felssporn des Niederen Dachsteins vorbei und in die Gletschermulde zwischen Hohem und Niederem Dachstein. Dann steiler ansteigend zum Beginn der versicherten Felsen des Hohen Dachsteins. Längs der Sicherungen zum Gipfel empor. Abstieg wie Aufstieg.

Route c: Vom Vorderen Gosausee wandern wir gemütlich am nördlichen Seeufer auf einer Forststraße zur Holzmeisteralm, 976 m. Weiter talein, vorbei an der Gosaulacke zum Hinteren Gosausee, Hintere Seealm, 1164 m. Nun folgen wir dem langen, aber gut bezeichneten Aufstiegsweg über den Hohen Riedel, 1936 m, zur Adamekhütte, 2196 m. Übernachtung empfehlenswert. Am nächsten Morgen auf dem Weg in Richtung Süden gegen die Hohe Schneebergwand zum Beginn des Großen Gosaugletschers. Auf dem Gletscher weiter Richtung Süden gegen den Felsstock des Mitterspitzes empor (Spalten). Vor diesem wendet sich der Weg kurz nach Osten und führt wieder in südlicher Richtung in die Obere Windlucke, 2746 m. Über den versicherten Westgrat zum Gipfel empor. Abstieg wie Aufstieg.
Variante: Sehr lohnend ist eine Kombination zweier der hier angeführten Routen. Dabei kann auch die Steinerscharte, 2717 m, als Übergang vom Hallstätter- zum Gosaugletscher genutzt werden.

Höhenmeter:	a) 300, b) 1200, von der Simonyhütte 800, c) 2100, von der Adamekhütte 800
Zeit:	a) 1,5 / 3 Std., b) 5 / 7 Std., zur Simonyhütte 2 Std., von der Hütte zum Gipfel 3 Std, c) 7-8 / 11-12 Std., zur Adamekhütte 4-5 Std., von der Hütte zum Gipfel 2,5-3 Std.
Stützpunkte:	Bergstation Hunerkogel, 2687 m, Dachsteinwartehütte, 2735 m, Simonyhütte, 2205 m, Adamekhütte, 2196 m, Hintere Seealm, 1164 m, Bergstation Gjaidalm, 1739 m
Karten:	ÖK 1: 50.000, Blätter 95, 96, 126, 127; besser AV-Karte, 1: 25.000, Blatt Dachsteingruppe
Sehenswertes:	Dachstein-Eishöhle, Gosausee, Hallstätter See, Hallstatt, Salzbergwerk

Der Fastdreitausender Dachstein thront mächtig oberhalb der Ramsau bei Schladming. Nach Süden stürzt diese stolze Berggestalt mit der berühmten Dachstein-Südwand ab. Im Dreigestirn mit Mitterspitz und Torstein zählt der Dachstein zu den ganz berühmten Felsbastionen der

Alpen. Nach Norden hin erstrecken sich beeindruckende Gletschermassen, welche mit ihren zahlreichen Spaltenzonen Respekt abfordern. Alle Gletscheranstiege setzen Gletschererfahrung und Umsicht voraus. Die dafür richtige Anseiltechnik ist selbstverständlich. Außerdem muß für die Durchführung dieser Touren gutes Wetter herrschen. Nebel und schlechte Sicht sind auf den weiten Schneeflächen eine große Gefahr und haben schon oft die Orientierung unmöglich gemacht. Die Unfallstatistik spricht hier eine deutliche Sprache.
Der sanfteste aller Dachsteingletscher ist der Schladminger Gletscher, welcher durch ein Liftsystem gut erschlossen ist. So tummeln sich im Sommer viele Schibegeisterte auf den gut präparierten Pisten. Die größte Ausdehnung erreicht der Hallstätter Gletscher, für den die Simonyhütte als idealer Stützpunkt gilt. Von hier aus, wie auch von der Bergstation Hunerkogel, kann nicht zuletzt der Hohe Gjaidstein, 2794 m, bestiegen werden.

Verschnaufpause nach dem Abstieg durch das Edelgries, rechts die markanten Pfeiler des Koppenkarsteins

Tour 48: HOHER DACHSTEIN

Tour 48: HOHER DACHSTEIN

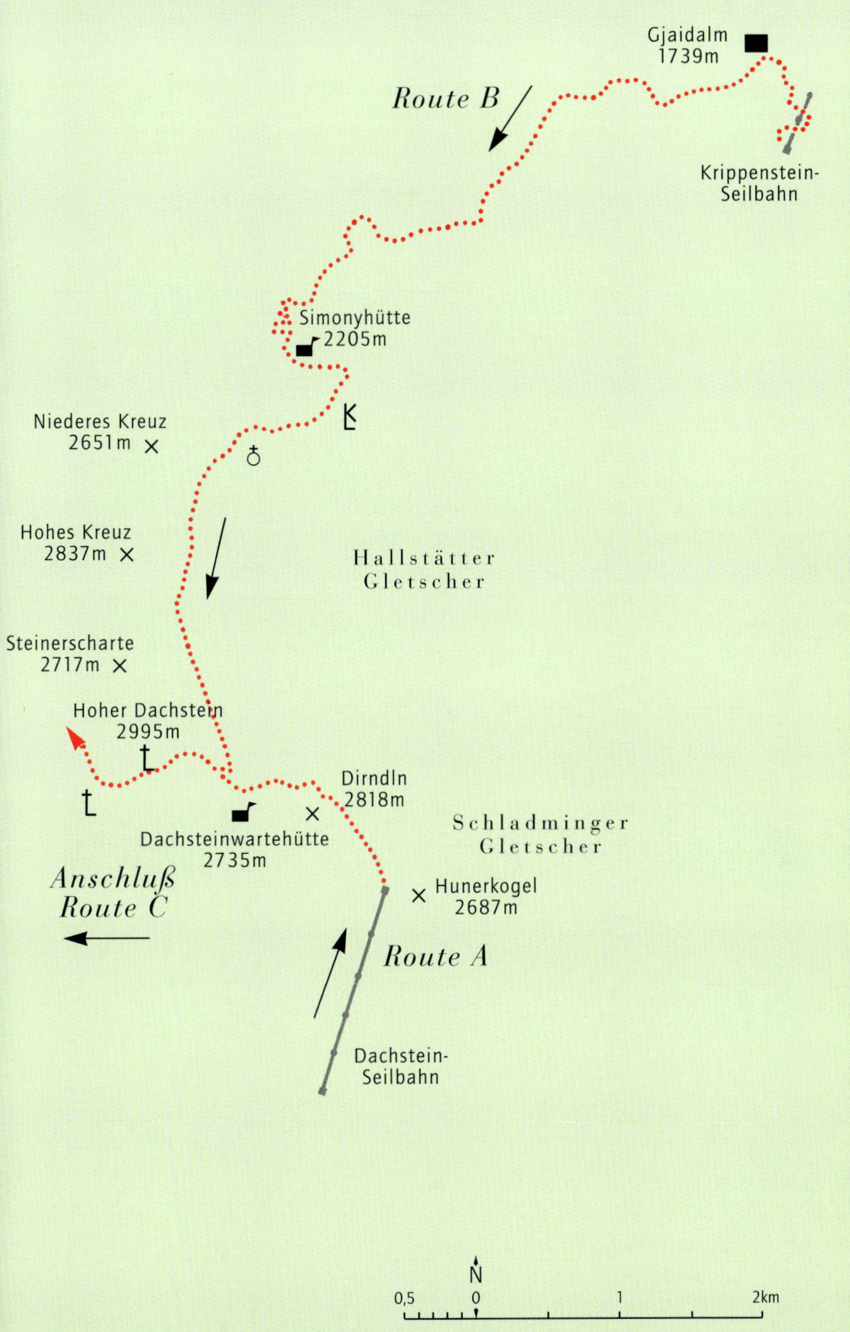

Oben: *Sonnenaufgang am Dachstein, im Hintergrund links die Glocknergruppe*
Unten: *Die Langlaufloipen auf dem Hallstätter Gletscher: ein beliebtes Trainingsgelände vieler Nationalmannschaften*

Scheichenspitze
2667 m

Tour 49

Gebiet:	Dachsteingebirge
Charakteristik:	Lange Bergtour mit beeindruckendem Tiefblick und interessantem Gratanstieg (Trittsicherheit!)
Talort:	Ramsau am Dachstein, 1135 m
Ausgangspunkt:	Gasthof Feisterer, 1160 m

Route: Vom Gasthof Feisterer wandern wir auf dem gut markierten Weg in nördlicher Richtung in vielen Kehren durch das Feistererkar hinauf zum Guttenberghaus, 2147 m. Weiter im Gruberkar in westlicher Richtung bergan in die Gruberscharte, 2364 m. Von hier über den Nordostgrat hinauf zur Hohen Rams, 2551 m, und am Westgrat hinüber zur Scheichenspitze, 2667 m. Abstieg nach Norden in den Sattel zwischen Koppenkar und Landfriedtal. Nach Osten durch das obere Landfriedstal zurück zur Gruberscharte. Dann Abstieg wie Aufstieg.
Variante: Landschaftlich ebenfalls sehr lohnend verläuft der Übergang vom Guttenberghaus über die Feisterscharte, 2198 m zum Seetalsee (Silbertalsee), 1805 m. Abgestiegen wird dann über die Silberkarhütte, 1223 m.

Höhenmeter:	1500
Zeit:	4,5-5 / 7-8 Stunden
Stützpunkt:	Guttenberghaus, 2147 m
Karten:	ÖK.1: 50000, Blatt 127, besser AV-Karte 1: 25000, Blatt Dachsteingruppe
Sehenswertes:	Ramsau, Schladming

Über die Hunerscharte, den Koppenkarstein und den Hohen Gamsfeldspitz findet der felsige Übergang vom Dachstein zur Scheichenspitze statt. Auch hier fällt die Südseite schroff mit Graten und steilen Rinnen ab. Das Edelgrieß, von der Austriahütte, 1638 m, leicht zu erreichen,

stellt dabei das bekannteste Steilkar dar. Durch dieses führt der Anstieg hinauf in die Austriascharte (Vorsicht auf den steilen Schneeflanken!) und zum Schladminger Gletscher. Das Edelgries kann aber auch von der Scheichenspitze über das Koppenkar erreicht werden.
Nach Norden hingegen erstreckt sich auch von der Scheichenspitze allmählich eine sanfte Karsthochfläche, welche schöne Übergänge zum Krippenstein gewährt. Gute Sicht ist jedoch Bedingung.
Wer nicht unbedingt einen Gipfel besteigen muß und sich mit landschaftlichen Reizen zufriedengibt, dem sei die Variante zum Seetalsee (Silbertalsee) wärmstens empfohlen. Die Strecke verläuft unschwierig und vermittelt ein ungetrübtes Naturerlebnis.

Tour 49: SCHEICHENSPITZE

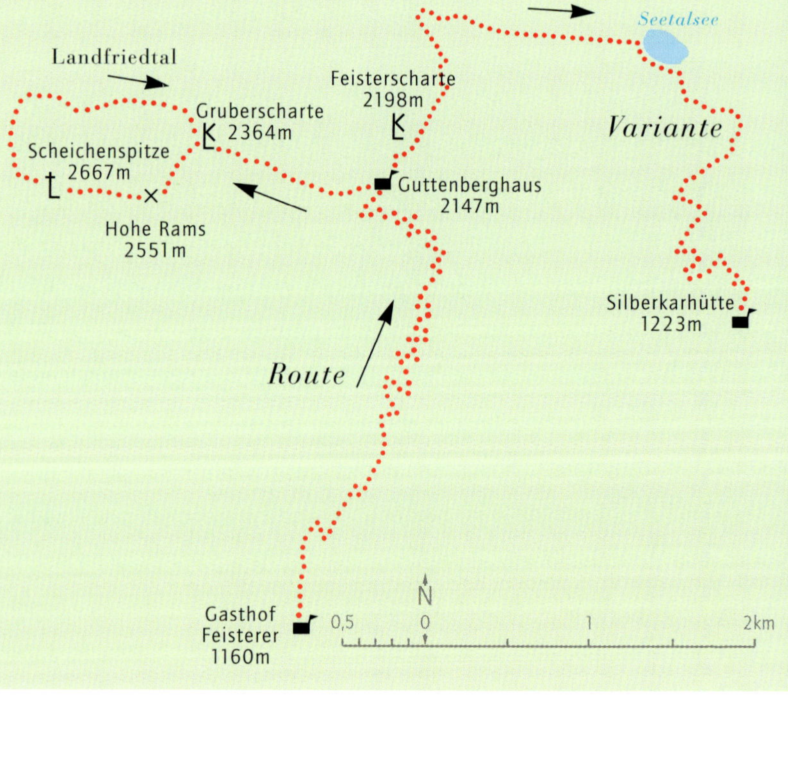

Oben: *Beim Übergang vom Wiesberghaus zum Krippenstein zeigt sich der Hallstätter Gletscher in seiner ganzen Pracht.*
Unten: *Der Anstieg zum Dachsteingipfel vom Gjaidsteinsattel aus gesehen*

Oben: *Typische Felsformationen des Dachsteinkalks im Gipfelbereich*
Unten: *Die Dachstein-Südwand: 800 Höhenmeter hochalpiner Klettergenuß*

Gosaukamm-umrundung

Tour 50

Gebiet:	Dachsteingebirge
Charakteristik:	Sehr lange und berühmte Rundtour
Talort:	Gosau, 767 m
Ausgangspunkt:	Vorderer Gosausee, 937 m

Route: Vom Vorderen Gosausee am Südufer kurz zur Seeklausalm, wo der Steiglweg seinen Anfang nimmt. Auf diesem gut bezeichnet bergan, über die Große Reide hinweg und in südöstlicher Richtung zur Scharwandhütte, 1348 m, am Fuße des Weitkares. Weiter auf dem Weg unterhalb der Gamsriese und der Wasserriese, vorbei an einer Jagdhütte zur Hinteren Scharwandalm, 1568 m. Geradeaus auf dem Steiglweg und in ein Tal, „Eisgrube", zwischen Großwand, 2415 m, und Gabelkogel, 1909 m. Durch die Eisgrube bergan auf einen ebenen Boden, von dem wir rechts wieder steiler ansteigen. Weiter in südlicher Richtung hinauf zum Steiglpaß, 2018 m. Abstieg vom Paß in vielen Kehren durch den Kessel zur Hofpürglhütte, 1705 m. Von der Hütte folgen wir dem Austriaweg, passieren südlich den Leckkogel, 2032 m, und gelangen oberhalb der Sulzkaralm, 1543 m, zu einer Weggabelung, 1630 m. Hier nach rechts und in nördlicher Richtung in den „Krautgarten", von wo steil über „Durchgang", 1601 m, ins Stuhlloch abgestiegen wird. Auf dem markierten Weg in Richtung Nordwesten zur Stuhlalm, 1467 m. Weiter auf dem Austriaweg und in einem Bogen ins Sulzkar. Über den Törlecksattel zum Törleck, 1618 m, und kurz hinab zur Gablonzer Hütte, 1522 m. Von hier Abstieg über die Krautgartenalm zum Vorderen Gosausee.

Variante: Von der Stuhlalm sind zudem die Besteigungen des Mandlkogels, 2279 m, und des Großen Donnerkogels, 2054 m, möglich.

Höhenmeter:	1200
Zeit:	10–11 Std., 4,5 Std. zur Hofpürglhütte, 2,5 Std. von der Hofpürglhütte zur Stuhlalm, 1,5 Std.von der Stuhlalm zur Gablonzer Hütte
Stützpunkte:	Scharwandhütte, 1348 m, Hofpürglhütte, 1705 m, Theodor-Körner-Hütte, 1458 m, Stuhlalm, 1467 m, Gablonzer Hütte, 1522 m
Karten:	ÖK 1: 50.000, Blätter 95 und 96, besser AV-Karte 1: 25.000, Blatt Dachsteingruppe
Sehenswertes:	Vorderer Gosausee

Über die Windlegerscharte findet vom Dachstein der Übergang zum Gosaukamm statt. Eine bizarre Felsenkulisse erhebt sich da zwischen Gosausee und Annaberg. Steil schießen beeindruckende Kletterwände, wie die Großwand, der Däumling oder die berühmte Bischofsmütze, in den Himmel. Der Steiglweg und der Austriaweg umrunden mit einzigartiger Routenführung dieses Massiv. Dabei erleben wir unvergeßliche Landschafts- und Bergeindrücke, welche vielleicht in einer Gipfelbesteigung ihren Höhepunkt finden. Empfehlenswert ist es, auf einer der erwähnten Hütten zu übernachten. Am nächsten Tag können wir dann den Weiterweg und die wunderbare Landschaft noch mehr genießen.

Postkartenidylle am Vorderen Gosausee, im Hintergrund das Dachsteinmassiv

Tour 50: GOSAUKAMMUMRUNDUNG

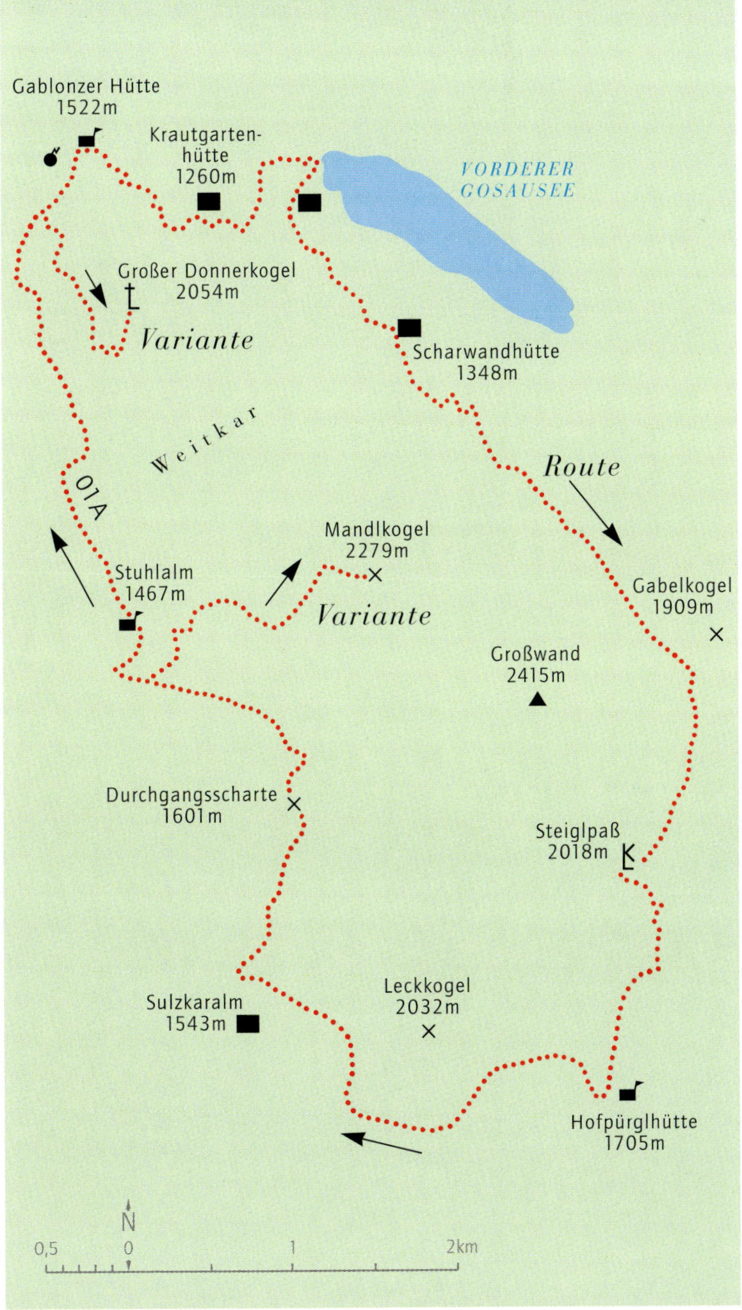

Seckauer Zinken
2397 m

Tour 51

Gebiet:	Seckauer Alpen
Charakteristik:	Sehr beliebte Bergwanderung auf einen schönen Aussichtsgipfel
Talort:	Seckau, 843 m
Ausgangspunkt:	Gasthof Steinmühle, 928 m, ca. 3 km westlich von Seckau

Route: Vom Gasthof Steinmühle wandern wir in Richtung Norden auf einer Forststraße durch das Zinkenbachtal bis zu einer Talgabelung. Hier nach rechts und auf einer Brücke über den Bach. Wieder in Richtung Norden im Wald aufwärts bis zur Baumgrenze. In der Folge gelangt man in einen Talkessel. Durch diesen in einem Linksbogen aufwärts und links oberhalb der Goldlacke (zu ihr führt ein blau bezeichneter Weg), 1958 m, hinan. Über einen Hang nach Süden und auf einen Bergrücken empor. Auf diesem geradeaus zum Gipfel. Abstieg wie Aufstieg. **Variante:** Es ist auch möglich, am Nordostgrat zum Hämmerkogel, 2253 m, hinüberzuwandern und über die Goldlacke zum Anstiegsweg zurückzukehren.

Höhenmeter:	1450
Zeit:	4,5 / 6–7 Stunden
Stützpunkte:	Keine
Karte:	ÖK 1: 50.000, Blatt 131
Sehenswertes:	Stift Seckau

Mit den Seckauer Alpen nehmen die Niederen Tauern im Osten ihren Anfang. Die Bergformen sind noch eher sanft und abgerundet, nur manchmal mit Schrofen und Felszonen bestückt.

Links: *Die gewaltige Felskulisse der Dachstein-Südwand*

Den Namen Seckauer Zinken kennen die Bergsteiger vor allem vom Winter her. Denn die Südrinne stellt eine Paradeschitour dar. Aber auch im Sommer vermittelt dieser Gipfel ein schönes Bergerlebnis. Besonders dann, wenn die Goldlacke in die Wegführung mit eingebunden wird. Ebenfalls sehr lohnend ist der östlichste Punkt der Seckauer Alpen, die Hochalm, auch „Türkenfeld" genannt. Nur 5 Minuten unterhalb des Gipfels steht das kleine Bergkirchlein „Maria Schnee", zu dem gerne Wallfahrten unternommen werden. Eine Mautstraße führt zudem bis 20 Minuten unterhalb von Maria Schnee. Wer auf dem Seckauer Zinken noch genügend Kondition hat, dem rate ich zur Überschreitung auf die Hochalm. Dabei werden die Schwaigerhöhe, 2214 m, und die Lamprechter Höhe, 2114 m, im Zuge einer gemütlichen Kammwanderung erstiegen. Nach diesem Bergerlebnis bietet sich noch ein Besuch in der altehrwürdigen Benediktinerabtei Seckau an.

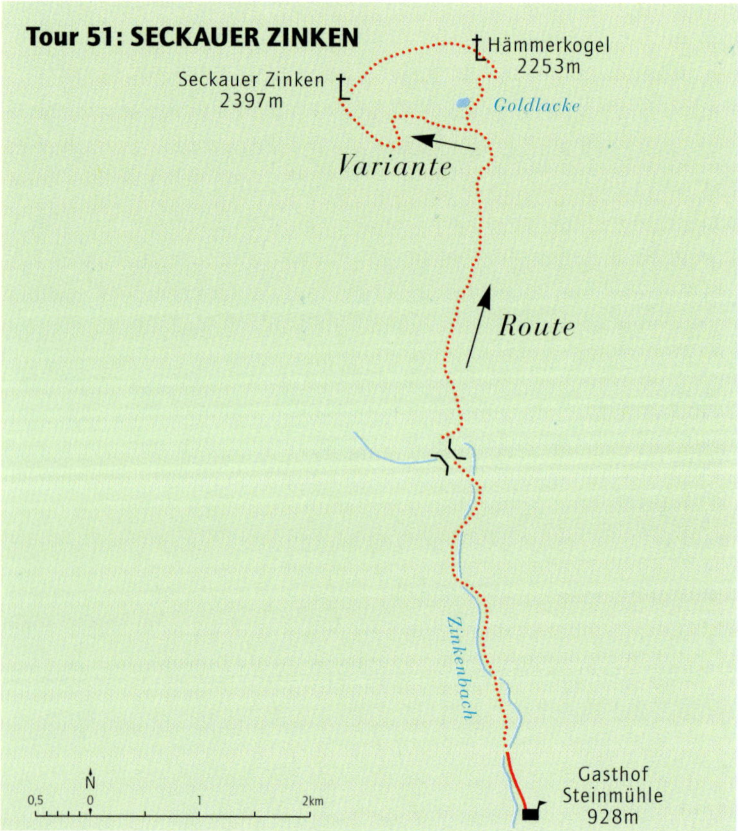

Tour 52

Hochreichhart
2416 m

Gebiet:	Seckauer Alpen
Charakteristik:	Lange, aber landschaftlich besonders schöne Bergtour
Talort:	Mautern, 712 m, im Liesingtal
Ausgangspunkt:	Liesingau, 723 m

Route: Von der Liesingau auf einer Forststraße im Hagenbachtal bis zum Jagdhaus Fasching, 1000 m. Hier wenden wir uns nach rechts, überschreiten eine Brücke und wandern längs des Stubalmbaches über die Stubalm hinauf zum Hochreichhart-Schutzhaus, 1483 m. Eventuell Übernachtung. Hier nach rechts und in westlicher Richtung durch Wald, dann über eine Steilstufe ins Kar des Ochsenbodens. Geradeaus bergan ins Stubentörl, 1863 m. In Richtung Südwesten steigen wir auf dem Rasenkamm zum Kleinen Reichhart, 2090 m, auf. Jenseits kurzer Abstieg ins Schönebentörl. Nun weiter mäßig steil ansteigend auf dem Rücken zum Hauptkamm empor. Dieser wird über der markanten Einschartung des Hirschkarltörls (Wegtafel) erreicht, auf dem Schuttrücken bergan zu den Gipfelblöcken. Abstieg ins Brandstättertörl, 2021 m, und nach Norden durch das Brandstätterkar hinunter zum Hochreichhart-Schutzhaus. Weiterer Abstieg wie Aufstieg.
Variante: Der kürzeste Anstieg führt vom Gasthaus Ingering, westlich von Seckau, entweder über den nicht bezeichneten Schmähhausrücken oder durch den markierten Brandstättergraben zum Hochreichhart.

Höhenmeter:	1700
Zeit:	5-6 / 8-9 Std., 2,5-3 Std. zum Hochreichhart-Schutzhaus
Stützpunkt:	Hochreichhart-Schutzhaus, 1483 m
Karte:	ÖK 1: 50.000, Blatt 131
Sehenswertes:	Mautern, Schloß Ehrnau, Kalwang

Das Liesingtal trennt die Eisenerzer Alpen von den Seckauer Alpen und gibt zugleich die Ausgangslinie für beide Gebirgszüge vor. Der Hochreichhart ist der höchste Gipfel der Seckauer Alpen. Sowohl im Winter als auch im Sommer wird dieser Berg oft und gerne besucht, vermitteln doch seine Routen ungetrübte Naturerlebnisse. Außerdem begeistern die Nah- und Fernblicke. Leobner und Zeiritzkampel machen uns im Norden ihre Aufwartung, und im Süden sind es die Seetaler Alpen, die sich aus den steirischen Waldregionen erheben. Alles in allem also eine überaus lohnende Tour, wobei besonders der Abschnitt auf dem Kamm vom Stubentörl zum Hochreichhart hervorsticht.
Für Kletterer sei noch der Ostgrat des Hirschkarlgrates im zweiten Schwierigkeitsgrad erwähnt. Diesen erreichen wir auf dem Anstiegsweg zum Hochreichhart über das Hirschkarltörl. In der Flanke führt ein Steiglein hinab zum Einstieg am Beginn des Grates.

Blick von den Gamskögeln zum Großen Griesstein, der dominierenden Berggestalt im Triebental

Tour 52: HOCHREICHHART

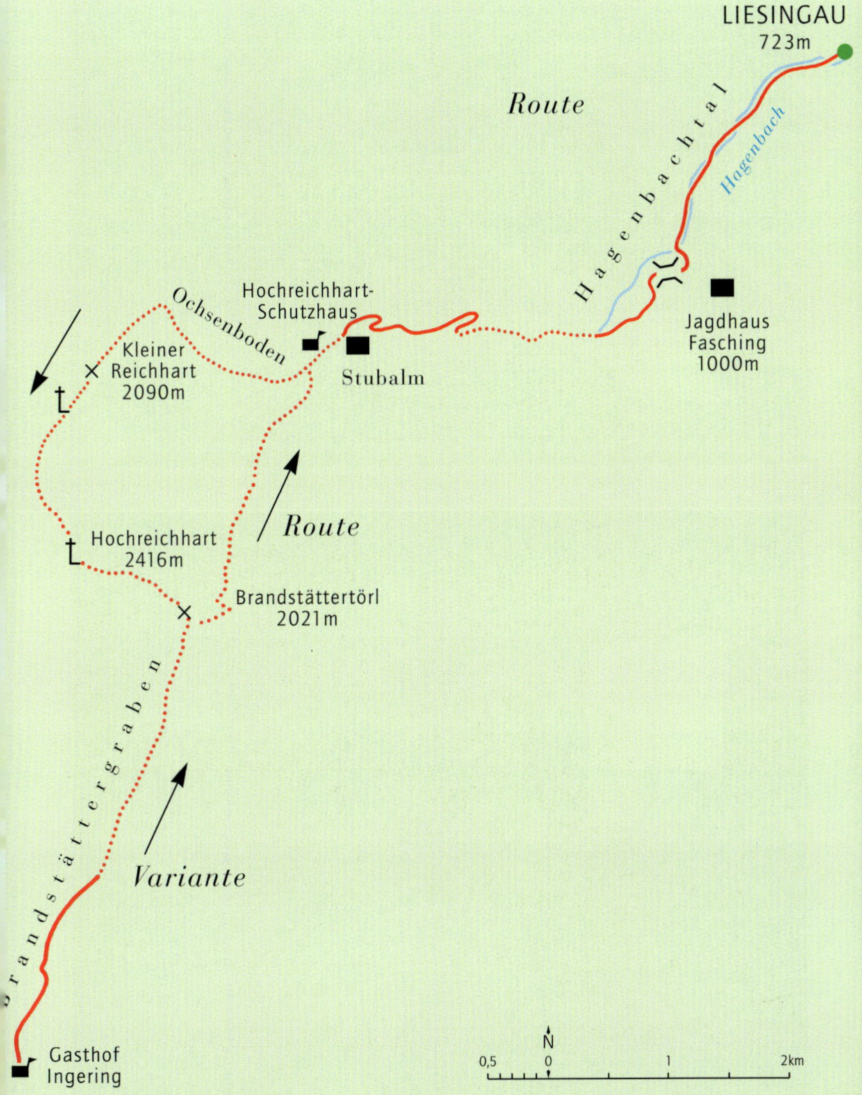

Oben: *Blick vom Bösenstein über den Dreisteckengrat hinweg zur Hochheide, im Hintergrund rechts die Haller Mauern*
Unten: *Vor der Tour: ein kräftiges Frühstück in der Edelrautehütte*

Großer Griesstein
2337 m

Tour 53

Gebiet:	Triebener Tauern
Charakteristik:	Abwechslungsreiche Tour mit einem Gratanstieg, Trittsicherheit!
Talort:	Trieben, 709 m
Ausgangspunkt:	Triebentalhütte, 1104 m im Triebental. Mit Auto erreichbar.

Route: Von der Triebentalhütte noch ca. 1,5 km talein. Zwischen zwei Brücken zweigt dann rechts der Aufstiegsweg ab, 1117 m. Im Bärenbachtal auf markiertem Weg hinauf zu den Almflächen mit der verfallenen Triebener Hütte, 1646 m. Von hier in einem Bogen in südöstlicher Richtung im Kessel hinauf zum Triebener Törl, 1905 m. Nun kurz am breiten Rücken in östlicher Richtung empor, dann Querung nach Norden und am Hang in ca. 20 Minuten zum Beginn des Nordgrates. Teils auf der Gratschneide, teils neben ihr zum Gipfel. Abstieg wie Aufstieg. Variante: Landschaftlich sehr reizvoll ist auch die Route von der Bergerhube am Ende des Triebentales über die Mödringhütte, 1467 m, und das Knaudachtörl, 2009 m. Dabei kann der Kleine Griesstein, 2175 m, sehr leicht erstiegen werden. Dieser Wegabschnitt des Zentralalpenweges führt dann in der Folge ins Triebener Törl.

Höhenmeter:	1200
Zeit:	4 / 6 Stunden
Stützpunkt:	Triebentalhütte, 1104 m
Karte:	ÖK 1: 50.000, Blatt 130
Sehenswertes:	Virgilkirche in Gaishorn am See, Hohentauern

Den Anschluß an die Seckauer Alpen bilden die Triebener Tauern mit Hohentauern als Paßübergang nach St. Johann im Pölsental. Das Triebental stellt Sommer wie Winter einen idealen Ausgangspunkt für verschiedenste Bergtouren dar. Der Griesstein ist dabei die dominierende Berggestalt. Südlich von ihm ragen die Gamskögel mit steilen Felsgebilden in den Himmel. In Kletterkreisen berühmt ist die Ost-West-Überschreitung am Gamskögelgrat. Im hervorragend festen Urgestein klettert man immer auf der Gratschneide im dritten Schwierigkeitsgrad. Bei 1000 Meter Gratlänge ergeben sich hier zahlreiche schöne Kletterstellen mit faszinierenden Tiefblicken.

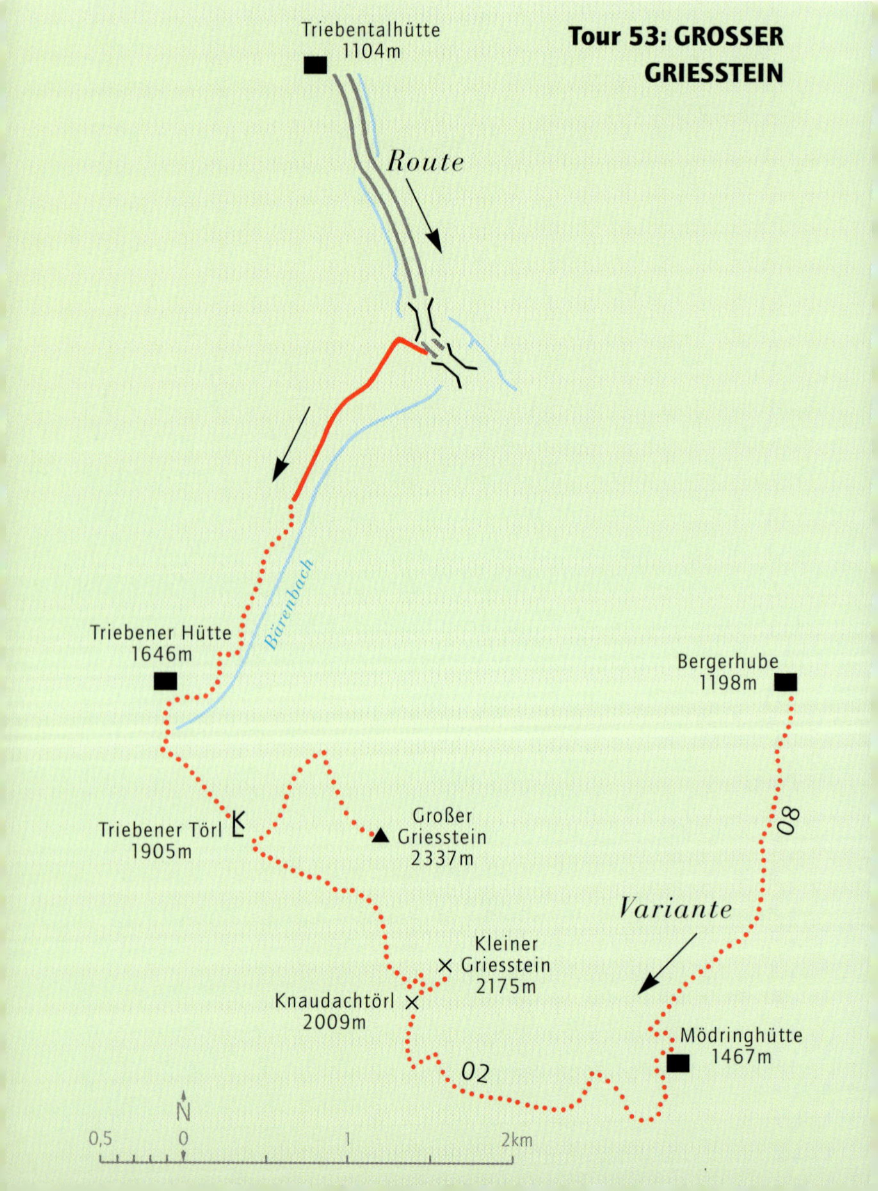

Großer Bösenstein
2448 m

Tour 54

Gebiet:	Rottenmanner Tauern
Charakteristik:	Prächtige Bergtour mit der Möglichkeit einer hochalpinen Gratüberschreitung
Talorte:	Trieben, 709 m, Hohentauern, 1278 m
Ausgangspunkt:	Edelrautehütte, 1706 m, mit Auto von Hohentauern über die Mautstraße bis 10 Min. vor die Hütte

Route: Von der Edelrautehütte auf dem Weg zum Großen Scheibelsee. Über den Bach und in westlicher Richtung zur Schneide des Bösenstein-Ostgrates, unterhalb der Erhebung des Hausecks, 1982 m. Von der Gratschneide nach links in den Südhang und unterhalb der Wände in eine Steilrinne queren, die in Kehren erstiegen wird. Hinauf in eine flache Einsattelung und nach rechts, nach Norden auf den Bösenstein-Ostrücken. Auf diesem über Schutt und Blöcke hinauf zum Gipfel. Abstieg in Richtung Südwesten am Kamm und über eine Einsattelung hinauf zum Kleinen Bösenstein, 2395 m. Über einen steileren Hang hinab und immer am Bergkamm in östlicher Richtung zum Großen Hengst, 2159 m. Am Nordostkamm auf dem Langmannweg hinunter zur Edelrautehütte.

Variante: Trittsichere Bergsteiger können zum Bösenstein auch über den Ostgrat im ersten Schwierigkeitsgrad aufsteigen.

Höhenmeter:	750
Zeit:	2–2,5 / 4–5 Stunden
Stützpunkt:	Edelrautehütte, 1706 m
Karte:	ÖK 1: 50.000, Blatt 130
Sehenswertes:	Hohentauern, Magnesitbergbau

Das Kernstück der Rottenmanner Tauern wird vom Bösensteinzug gebildet. Er wird durch die Einsattelung des Perwurzpolsters von den westlichen Rottenmanner Tauern getrennt. Hier liegen auch die einzigen Schutzhütten dieses Gebietes: die Rottenmanner Hütte nördlich der Hochheide, die Edelrautehütte und das Heinrich-Kern-Haus am Fuße des Großen Bösensteins.
Eine der beliebtesten Touren ist die hier beschriebene. Die Bergseen untermauern noch den landschaftlich großartigen Charakter dieser Route.
Bergerfahrene, trittsichere Geher werden mit der Überschreitung, die vom Großen Bösenstein über die Sonntagskarspitze und den Dreistecken zur Hochheide führt, ihre wahre Freude haben. Obwohl der „Dreisteckengrat" (I) teilweise versichert ist, sollte man Vorsicht walten lassen. Die eigentliche Kletterei dauert ca. 1,5 Stunden und endet an der Sonntagskarspitze. Über die Gefrorener-See-Scharte und die Moserscharte wird dann auf einem Blockkamm und über schrofige Rasenzonen die Hochheide unschwierig bestiegen.
Eine andere lohnende, wenn auch sehr langwierige Überschreitung von über 12 Stunden Länge führt von der Edelrautehütte zur Planneralm. Dabei werden u.a. der Hochschwung, der Seitner Zinken, die Breiteckkoppe und der Hintergullingspitz erstiegen.

Tour 54: GROSSER BÖSENSTEIN

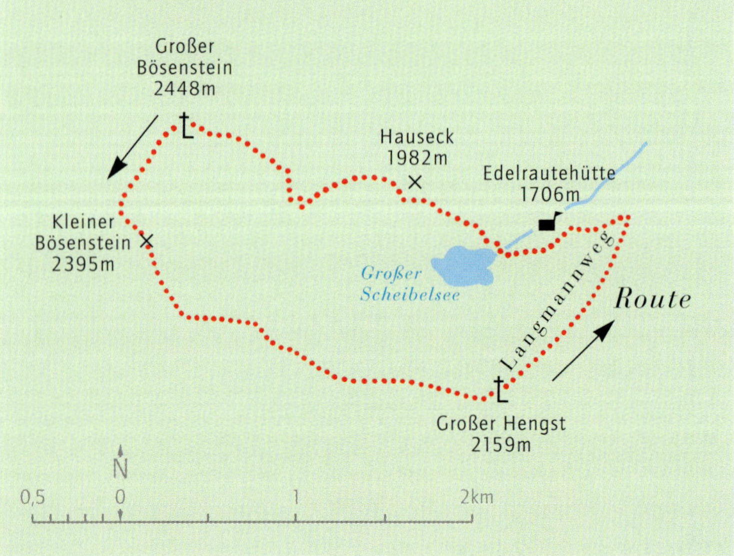

Hohenwart
2363 m

Tour 55

Gebiet:	Wölzer Tauern
Charakteristik:	Unschwierige und genußvolle Bergtour
Talort:	Pusterwald, 1073 m
Ausgangspunkt:	Ende des Pusterwaldtales, Schranken, Kapelle, 1338 m

Route: Vom Talschluß wandern wir auf einer Forststraße durch das Pölsenbachtal hinauf zur Hainzlkäserei, 1399 m, und weiter in Kehren zur Oberen Pölsenhütte, 1678 m. Nun über Almböden an der Quelle des Pölsenbaches vorbei in einen weiten Karboden, aus dem steil zum Pölseckjoch, 2011 m, aufgestiegen wird. Über den Südostgrat, zuletzt über einige Blöcke, zum Gipfel. Abstieg wie Aufstieg

Variante: Der Anstieg ist auch von Süden aus dem Schöttlbachtal, Oberwölz, über das Schöttljagdhaus, 1456 m, möglich.

Höhenmeter:	1000
Zeit:	3 / 5 Stunden
Stützpunkte:	Keine bzw. Almwirtschaften
Karte:	ÖK 1: 50.000, Blatt 129
Sehenswertes:	Schaubergwerk in Oberzeiring

Der Hohenwart liegt im Zentrum der Wölzer Tauern und leitet mit schönen Graten zum Eiskarspitz und ins Glattschartl über. Südlich unter ihm ist der Wildsee in einem Schuttkar eingebettet. Über das Glattjoch findet der Übergang zur mächtigen Hochweberspitze, 2375 m, statt. Dort sticht besonders der kühne Nordostgrat für eine Begehung ins Auge. Im I. und II. Schwierigkeitsgrad führt die Gratschneide empor. Für trittsichere und im Felsgelände erfahrene Bergsteiger stellt diese Route keine allzu großen Schwierigkeiten dar. An manchen Stellen ist jedoch, bedingt durch die Brüchigkeit, Vorsicht geboten.

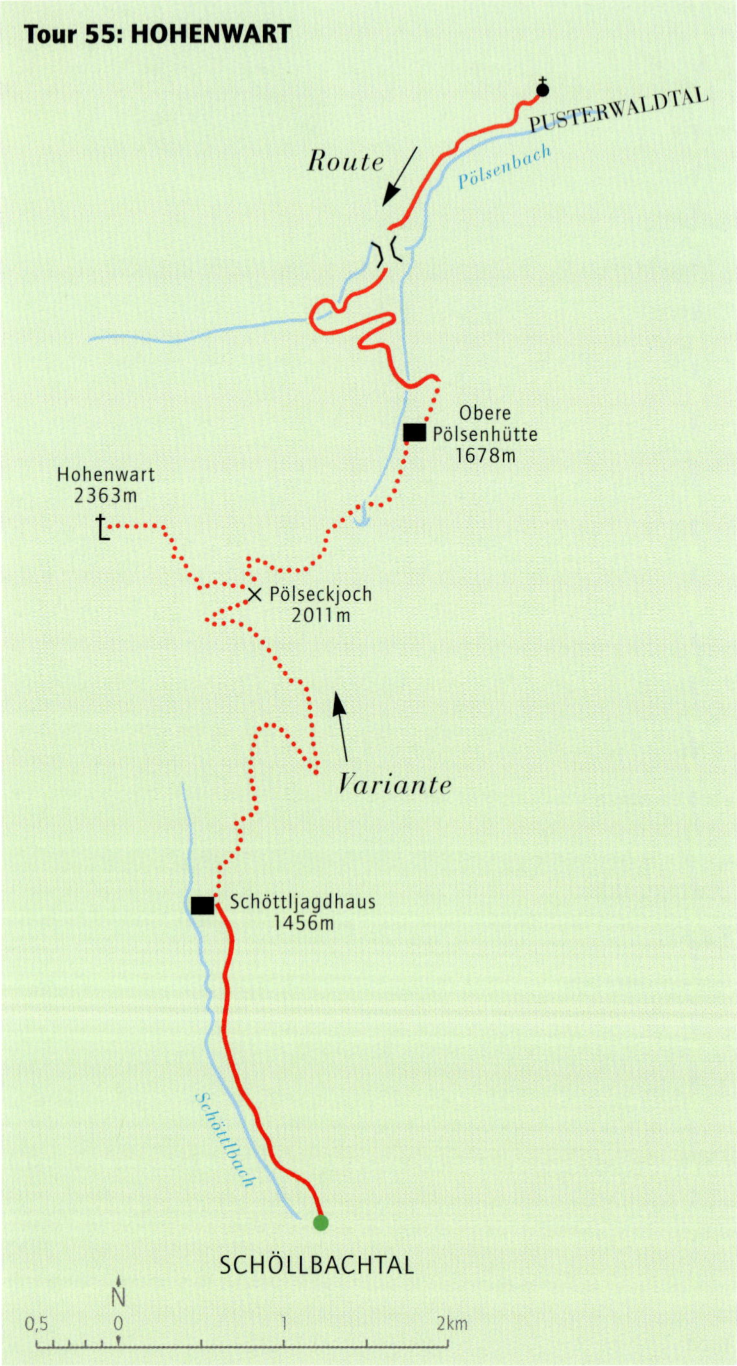
Tour 55: HOHENWART
PUSTERWALDTAL
Route
Pölsenbach
Obere
Pölsenhütte
1678m
Hohenwart
2363m
Pölseckjoch
2011m
Variante
Schöttljagdhaus
1456m
Schöttlbach
SCHÖLLBACHTAL
N
0,5
0
1
2km

Tour 56

Schoberspitze

2423 m

Gebiet:	Wölzer Tauern
Charakteristik:	Genußreiche Bergroute mit der Möglichkeit eines Gratanstieges, Trittsicherheit erforderlich!
Talort:	St. Peter am Kammersberg, 860 m
Ausgangspunkt:	Neunkirchner Hütte, 1535 m Autozufahrt bis kurz vor die Hütte möglich

Route: Von der Hütte über Wiesen in Richtung Norden zum Waldrand. In Kehren aufwärts zum Beginn eines Hochtales. Am rechten Hang in nördlicher Richtung schräg bergan und zu einer Wegabzweigung an einem Rücken. Hier nach links in ein dahinterliegendes Kar und steil empor in eine Scharte am Fuße des Südgrates. Mittels einer Querung gelangen wir in die Südostseite und über die Hänge zum Gipfel. Abstieg wie Aufstieg.

Variante: Vom Normalweg Abzweigung in der Scharte des Südkammes. Durchwegs längs der Gratschneide (I) zum Gipfel. Anregende Blockkletterei.

Höhenmeter:	900
Zeit:	2 / 3–3,5 Stunden
Stützpunkt:	Neunkirchner Hütte, 1535 m
Karte:	ÖK 1: 50.000, Blatt 129
Sehenswertes:	Murau

Oberhalb von St. Peter leitet der Greim, 2474 m, im Winter durch die Greimrinne bekannt, eine Reihe von unschwierig zu besteigenden Berggipfeln ein. Die Schoberspitze bildet dabei ein besonders schönes Alpinziel. Oberhalb von idyllisch gelegenen Bergseen vermittelt sie mit ihrem eher kurzen Anstieg ein prächtiges Naturerlebnis.

Außerdem können von der Neunkirchner Hütte noch der Hochstubofen,

2385 m, oder der Talkenschrein, 2319 m, bestiegen werden. Letzteren Gipfel erreichen wir über den Funklsee und die Idlereckscharte.

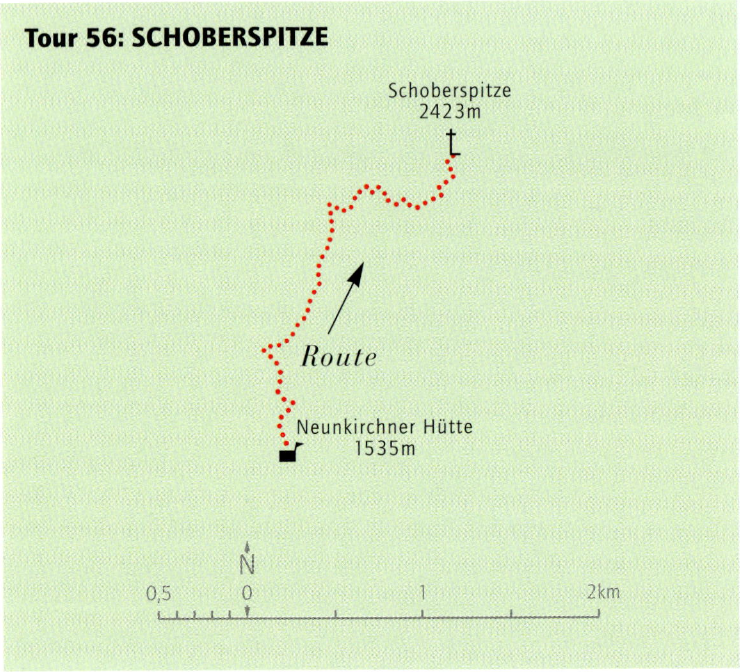

Hochrettelstein
2220 m

Tour 57

Gebiet:	Wölzer Tauern
Charakteristik:	Gemütliche Kammwanderung
Talort:	Donnersbach, 713 m
Ausgangspunkt:	Hütten und Gasthöfe auf der Planneralm, 1588 m Mit dem Auto zu erreichen

Route: Von der Planneralm in nordöstlicher Richtung längs eines Baches hinauf zum Plannersee. Weiter geradeaus und in einem Rechtsbogen hinauf zum Rasenkamm und kurz über diesen zum Gipfel des Plannerknot, 1996 m. Weiter am Kamm in Richtung Nordosten, über eine Einsenkung hinweg zum Gipfel des Hochrettelsteins.
Variante: Man kann als Draufgabe noch über die Scharfe Wand zur Seekoppe, 2150 m, hinüberwandern. In der Folge gelangt man über das Riednertörl, 1935 m, in Richtung Norden auf den Hochgrößen, 2115 m. Der Abstieg kann nach Oppenberg unternommen werden. Nur mit zwei Fahrzeugen vorteilhaft!

Höhenmeter:	650
Zeit:	2,5 / 4 Stunden, Variante 5-6 Stunden
Stützpunkte:	Hütten und Gasthöfe auf der Planneralm, 1588 m
Karte:	ÖK 1: 50.000, Blatt 129
Sehenswertes:	Donnersbachtal

Südlich am Fuße eines Berghufeisens, das vom Mölbegg bis zum Hochgrößen reicht, liegt im Plannerkessel ein liebliches Hüttendorf eingebettet. Im Winter bekannt durch die Liftanlagen und im Sommer beliebt durch die vielen gemütlichen Wanderungen und Gipfelbesteigungen, ist die Planneralm ein Tourismuszentrum der Wölzer Tauern.
Neben den hier erwähnten Routen bieten sich noch der Schreinl, die Karlspitze, die Schoberspitze, die Jochspitze und die Gläserkoppe für eine

Besteigung an. Allesamt einfache und gemütliche Wanderungen, die bei einer Rast an den Bergseen zu wahrer Erholung beitragen.

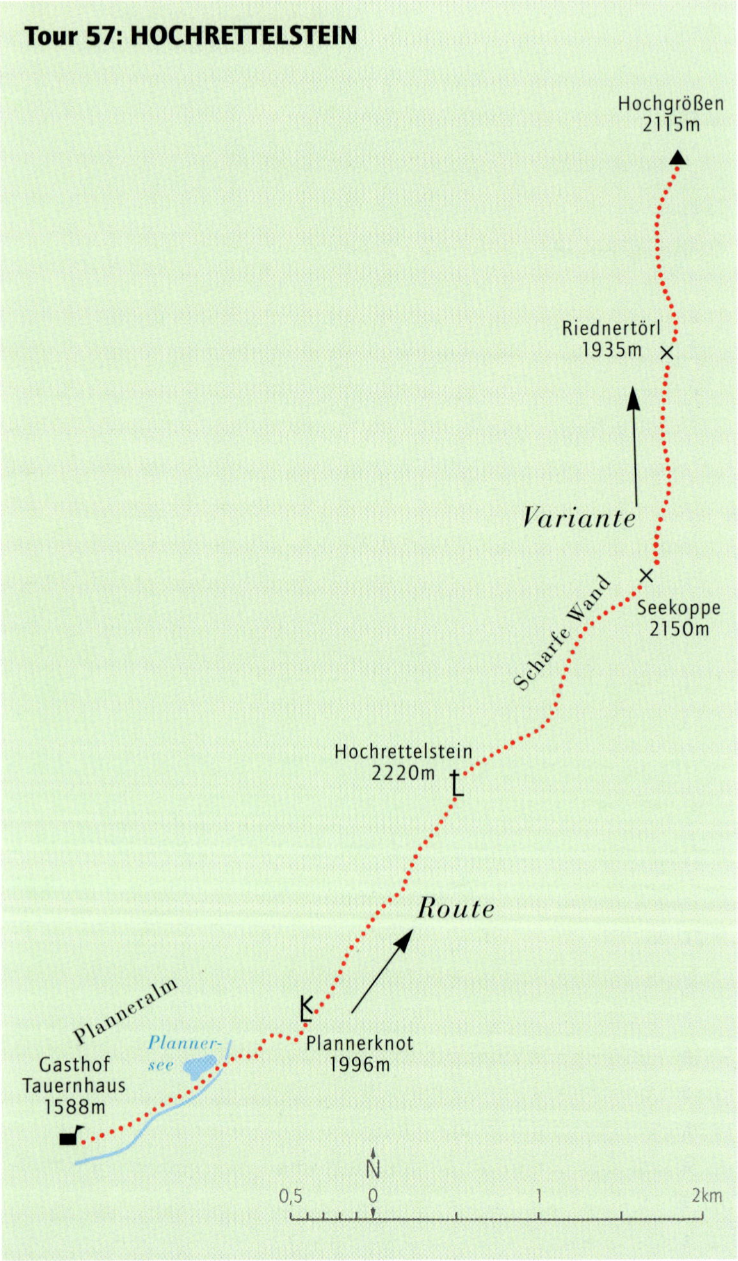

Großes Bärneck 2071 m

Tour 58

Gebiet:	Wölzer Tauern
Charakteristik:	Gemütliche Bergwanderung
Talort und Ausgangspunkt:	Donnersbachwald, 976 m

Route: Vom Ort in westlicher Richtung durch das Mörsbachtal zur Mörsbachhütte, 1303 m. Weiter in Richtung Süden längs des Baches zu den Wiesen der Hinteren Mörsbachalm, 1482 m. Über Almböden und durch schütteren Baumbestand am Hang in einem Rechtsbogen zu einem Graben. In ihm wenig steil auf einen ebenen Boden. Nun über Schutt in südlicher Richtung steil empor und auf den Gipfelkamm. Kurz zum höchsten Punkt. Abstieg am Kamm und über Wiesen nach Norden in die Gstemmerscharte. Weiter hinunter zur Baumgrenze, östlich unterhalb der Sonntagskarspitze und längs eines Bachlaufes hinab zur Mörsbachhütte. Durch den Mörsbachgraben zurück ins Tal.
Variante: Auch über die Mößnascharte und die Schwarzkarspitze kann auf- oder abgestiegen werden.

Höhenmeter:	1000
Zeit:	3 / 4,5-5 Stunden
Stützpunkt:	Mörsbachhütte, 1303 m
Karten:	ÖK 1: 50.000, Blätter 128 und 129
Sehenswertes:	Donnersbachtal

In den westlichen Ausläufern der Wölzer Tauern erstreckt sich eine Gebirgsgruppe mit einigen unschwierigen, aber interessanten Anstiegen. Weitreichend sind hier die Blicke in die benachbarten Schladminger Tauern und ins Sölktal. Das Große Bärneck zeigt sich als sanfter Gipfel, der auch über den Finsterkarsee zu erreichen ist. Der Anstieg ist ebenfalls einfach, wenn auch etwas steiler, und vermittelt ein romantisches Bergsee-Erlebnis.

Tour 58: GROSSES BÄRNECK

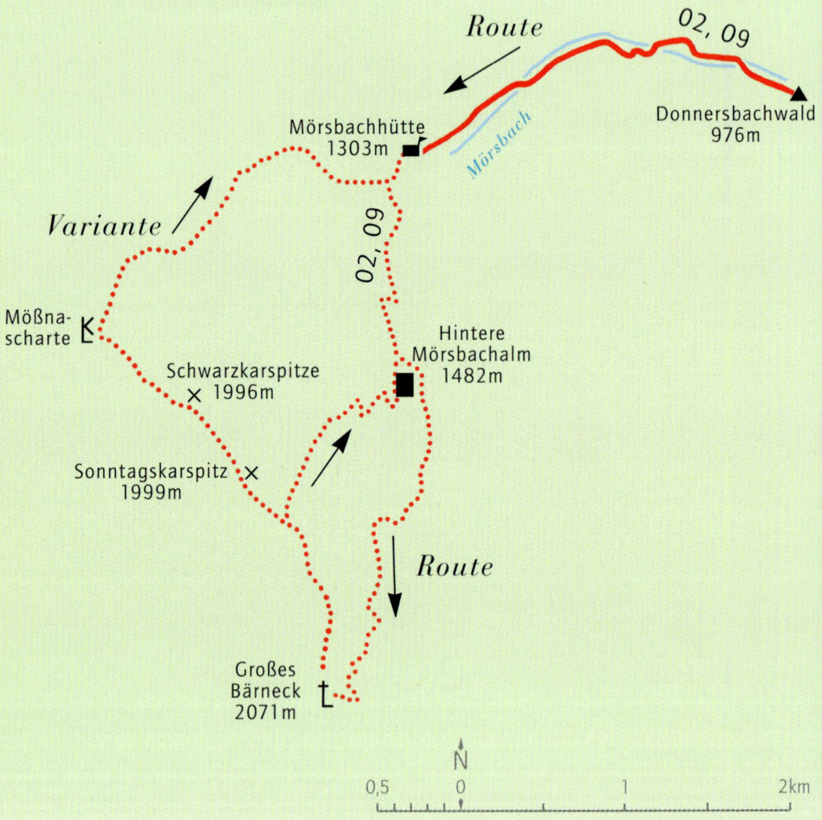

Gumpeneck
2226 m

Tour 59

Gebiet:	Wölzer Tauern
Charakteristik:	Schöne Wanderung auf einen hervorragenden Aussichtsberg
Talort:	Großsölk, 941 m
Ausgangspunkt:	Straße kurz vor Großsölk

Route: Von der Landstraße über Wiesen und an einigen Hütten vorbei bis zum obersten Bauernhof, 1132 m, Parkplatz. Immer am linken Hang im Wald auf markiertem Weg aufwärts und zu den Almen mit der Schönwetterhütte, 1442 m. Von der Hütte auf die Böden der Gumpenalm und weiter in Richtung Süden zu einer Wegteilung. Geradeaus ins Gumpenkar und durch dieses hinauf in die Einsattelung zwischen Blockfeldspitz und Gumpeneck. Am Kamm in östlicher Richtung zum höchsten Punkt. Abstieg am Kamm in die Einsattelung und weiter empor zum Blockfeldspitz, 1929 m. Weiterer Abstieg in nördlicher Richtung zum Salzleck. In einem Rechtsbogen hinunter zur Gumpenalm und weiter zur Schönwetterhütte. Dann wie Aufstieg.
Variante: Es ist auch möglich, direkt von Öblarn an über den Schönwetterberg, 1672 m, aufzusteigen. Ebenso führt vom Wirtshaus Spießschwaiger, 8 km südlich von Großsölk, ein schöner Weg über die Südseite zum Gipfel des Gumpenecks.

Höhenmeter:	1100
Zeit:	3-4 / 5-6 Stunden
Stützpunkt:	Schönwetterhütte, 1442 m
Karten:	ÖK 1: 50.000, Blatt 128
Sehenswertes:	Sölktäler, Stausee Großsölk, Naturpark Großsölk

Oberhalb von Öblarn erhebt sich stolz das Gumpeneck und beendet im Ennstal die Wölzer Tauern. Der Gipfel zählt zu den schönsten Aus-

sichtspunkten in den Niederen Tauern. Von den Schladminger Tauern über den Grimming bis hin zu den Dachsteinbergen tun sich viele Gipfel hervor. Nimmermüde wird das Auge vom vielen Schauen. Lange kann man hier oben verweilen, und nur die allmählich versinkende Abendsonne mahnt zu einem zügigen Abstieg.

Oben: *Spätherbstlicher Fernblick vom Hochgrößen nach Norden zum Toten Gebirge*
Unten: *Blick vom Gumpeneck nach Nordwesten über das Ennstal hinweg*

Tour 59: GUMPENECK

Oben: *Beliebtes Tourenziel in den Schladminger Tauern: der Große Knallstein*
Unten: *Malerischer Tiefblick vom Großen Knallstein über das Sölktal hinweg zu Grimming und Totem Gebirge*

Großer Knallstein
2599 m

Tour 60

Gebiet:	Schladminger Tauern
Charakteristik:	Überaus lohnende Bergtour mit herrlichen Bergseen
Talort und Ausgangspunkt:	St. Nikolai im Sölktal, 1127 m

Route: Gleich hinter den letzten Häusern von St. Nikolai über den Bräualmbach und rechts auf einer Forststraße aufwärts. Nach freien Flächen zweigt rechts ein Almweg ab und führt uns hinauf zur Kaltherberghütte, 1608 m. Weiter auf dem bezeichneten Weg über den Bach, dann in Kehren steil empor und über einen Rücken links hinweg. Zwischen Blöcken in westlicher Richtung zum Unteren Klaftersee, 1884 m. Über den Bach und den das Kar südlich begrenzenden Rücken über Blöcke zum Weißensee, 2229 m, empor. Den See lassen wir jedoch links liegen und steigen längs eines vom Knallstein herabziehenden Rückens auf gutem Steig bis zum Gipfel auf. Abstieg wie Aufstieg.
Variante: Bergsteiger mit Kletterkönnen im dritten Schwierigkeitsgrad (nur kurze Stellen, sonst II und I) können auch von der Steinkarlscharte, 1954 m, über den Nordostgrat aufsteigen. Die Gratschneide wird durchwegs erstiegen, wobei man den letzten Teil besser nordseitig umgeht.

Höhenmeter:	1500
Zeit:	4-5 / 6-7 Stunden
Stützpunkt:	Kaltherberghütte, 1608 m (Jagdhütte, ev. Unterstand)
Karte:	ÖK 1: 50.000, Blatt 128
Sehenswertes:	Sölktäler

Mit dem Großen Knallstein nehmen die Schladminger Tauern im Osten ihren Anfang. Oberhalb von St. Nikolai im Sölktal breitet sich der Knallstein mit seinen Bergseen malerisch aus. Der abwechslungsreiche Anstieg und ein ungetrübter Blick zum Tauernhauptkamm machen diesen Berg zu einem sehr beliebten Tourenziel.
Eine weitere prächtige Wanderung führt von St. Nikolai zum Hohensee hinauf. In der Folge kann man zum Schwarzensee und in die Seekarlscharte aufsteigen. Dabei bieten sich das Mittereck und die Seekarlspitze als attraktive Gipfelmöglichkeiten an.

Tour 60: GROSSER KNALLSTEIN

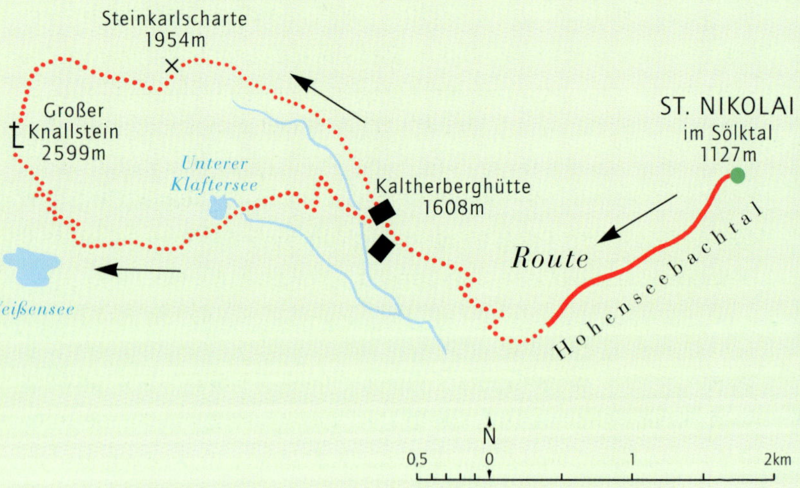

Süßleiteck
2507 m

Tour 61

Gebiet:	Schladminger Tauern
Charakteristik:	Sehr lohnende Bergbesteigung mit eindrucksvoller Gratvariante, die Trittsicherheit verlangt
Talort und Ausgangspunkt:	St. Nikolai im Sölktal, 1127 m

Route: Von St. Nikolai wandern wir durch das Hohenseebachtal fast eben über Almflächen zum hinteren Talschluß, Wasserfälle, 1203 m. Nun nach rechts und mittels Kehren im Wald aufwärts, bis der Hohensee mit den Almhütten, 1543 m, erreicht wird. In einem Bogen westlich um den See herum und über den Schimpelrücken hinweg in ein Tal, das zum Breitenbachsee hinaufleitet. Von hier zuerst noch in westlicher, dann in südlicher Richtung, wobei der Schimpelsee unten liegengelassen wird, und über eine Nordhang zu einer Wegabzweigung. Hier nach links in östlicher Richtung zur Schneide des oberen Süßleiteck-Nordgrates (kann im zweiten Schwierigkeitsgrad erklettert werden). Über diesen hinweg und in der Nordostflanke über Gras und Schutt zum Gipfel. Abstieg wie Aufstieg.
Variante: Von der Wegabzweigung im Nordhang geradeaus aufwärts in die Schimpelscharte und am Grat (I) nach Osten zum Schimpelspitz, 2413 m, empor. Weiter auf der Rasenschneide und zum Süßleiteck. Abstieg auf dem Normalweg.

Höhenmeter:	1400
Zeit:	4–5 / 6–7 Stunden
Stützpunkt:	Hohenseealm, 1543 m
Karte:	ÖK 1: 50.000, Blatt 128
Sehenswertes:	Sölktäler

Am südlichen Talgrund von St. Nikolai strebt das Süßleiteck mit schönen Graten in die Höhe. Als besonders lohnend erweisen sich der Nordgrat und der Aufstieg über den Schimpelspitz. Auch von Süden ist dieses Tourenziel über die Rudolf-Schober-Hütte erreichbar. Dabei wird von Krakauebene über den Etrachsee und die Grafenalmhütte aufgestiegen.

Tour 61: SÜSSLEITECK

Tour 62

Predigtstuhl
2543 m

Gebiet:	Schladminger Tauern
Charakteristik:	Eine der bedeutendsten Bergtouren dieser Region. Im Felsgelände Trittsicherheit notwendig.
Talort:	Kleinsölk, 989 m
Ausgangspunkt:	Breitlahnhütte, 1070 m Mit dem Auto durch das Obertal erreichbar

Route: Von der Breitlahnhütte wandern wir auf einer Fahrstraße talein bis zur Grafenalm. Hier nach links über Almflächen und durch Wald bergan zur Neualm, 1410 m. Weiter im Talgrund fast eben zur Inneren Neualm, 1490 m. Danach erreichen wir eine Wegabzweigung. Nun bieten sich zwei Möglichkeiten.

Route a: Auf dem linken Weg steil aufwärts ins Hüttkar, das in südlicher Richtung durchquert wird, kleine Seen, 2136 m. Von hier steil aufwärts und in zunehmender Ausgesetztheit in die Scharte zwischen Haupt- und Vorgipfel. Nun längs von Sicherungen erst in der Ostseite, dann nach links auf den Grat und über ihn zum Gipfel.

Route b: Auf dem Weg rechts in das Kar des Roßbodens aufwärts und an seinem Ende steil in das Rantentörl, 2166 m, empor. Jenseits etwas absteigen und am Südhang zu einem See. Nun in Richtung Nordwesten zum Südwestgrat des Predigtstuhls und auf ihm bis unter den Vorgipfel. In die Scharte zwischen Vor- und Hauptgipfel mittels Sicherungen queren, dann erst in die Ostseite und schließlich am linken Grat zum Gipfel.

Abstieg wie Aufstiege oder Kombination beider Routen, wobei b) als Aufstieg und a) als Abstieg dienen.

Variante: Es ist auch möglich durch das benachbarte Strieglerbachtal über das Hubenbauertörl, 2051 m, und den darauf folgenden Zentralalpenweg über die Hinterkarscharte, 2274 m, zum Predigtstuhl aufzusteigen.

Höhenmeter:	1500
Zeit:	4 / 6-7 Stunden
Stützpunkt:	Breitlahnhütte, 1070 m
Karte:	ÖK 1: 50.000, Blatt 128
Sehenswertes:	Gröbming: Pfarrkirche, Schloß Thanneck

Der Predigtstuhl ist ein vielbesuchter Aussichtsberg, gewährt er doch faszinierende Blicke in die Dachsteinregion und über die Bergspitzen der Niederen Tauern hinweg. Seine Anstiege sind lang und erfordern ein sorgfältiges Steigen im Felsgelände. Trotz Sicherungen ist dabei Vorsicht geboten. Durch die Kombination zweier Routen verläuft die Wegführung außerordentlich abwechslungsreich und landschaftlich beeindruckend. Selbstverständlich kann man auch von Süden her durch das Rantental den Predigtstuhl ersteigen. Eine ebenfalls attraktive Route, bei der man aber auf die oben beschriebene Kombination verzichten muß.

Im Gipfelbereich des Predigtstuhls. Die Besteigung dieses vielbesuchten Aussichtsberges erfordert Trittsicherheit und Schwindelfreiheit.

Tour 62: PREDIGTSTUHL

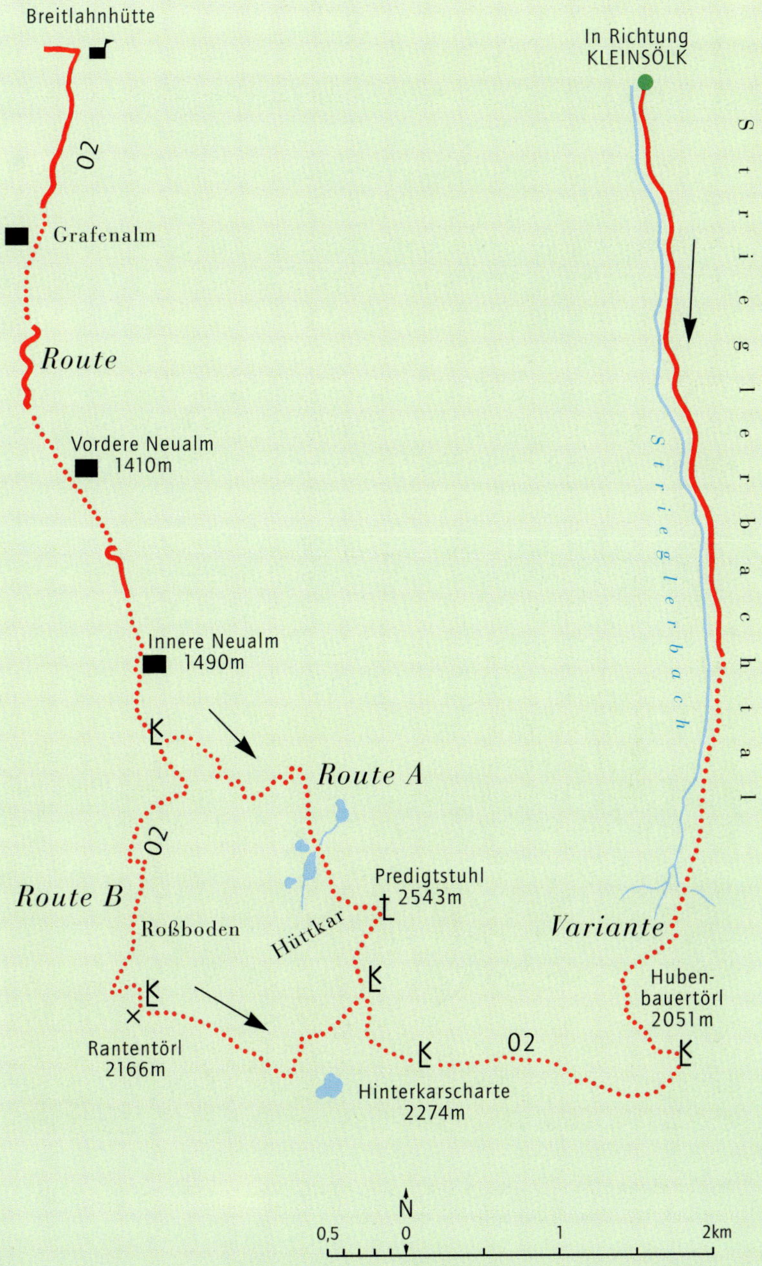

Oben: *Unterwegs zum Predigtstuhl*
Unten: *Vorsicht ist notwendig auf dem ausgesetzten Gratabschnitt im Gipfelbereich des Predigtstuhls*

Höchstein
2543 m

Tour 63

Gebiet:	Schladminger Tauern
Charakteristik:	Herrliche Bergtour mit verschiedensten Aufstiegsmöglichkeiten, wobei Trittsicherheit erforderlich ist
Talort:	Haus im Ennstal, 774 m
Ausgangspunkt:	Bodensee, 1157 m, Autozufahrt möglich

Route: Links oder rechts um den See herum und vom Südufer auf der rechten Hangseite steil bergan zum Hüttensee und zur Hans-Wödl-Hütte, 1528 m. Hier nun sofort steil am Hang in Kehren aufwärts in ein Kar und in südwestlicher Richtung vom Kar in die Filzscharte empor. Diese wird sogleich wieder nach links verlassen. Bald teilt sich der Weg in zwei Äste, die wieder zusammenmünden und zur breiten Einsattelung der Kaltenbachschulter führen. Über den schuttbedeckten Hang geradeaus zum Gipfel. Abstieg wie Aufstieg.
Variante: Der Aufstieg von der Krummholzhütte, 1840 m (Gondelbahn), unterhalb des Hauser Kaiblings, zur Kaiblingalmhütte, 1784 m, und weiter über die Kaiblinglochscharte wird ebenfalls gerne begangen.

Höhenmeter:	1400
Zeit:	4 / 6 Stunden
Stützpunkte:	Hans-Wödl-Hütte, 1528 m, Kaiblingalmhütte, 1784 m, Krummholzhütte, 1840 m
Karte:	ÖK 1: 50.000, Blatt 127
Sehenswertes:	Schladming im Ennstal

Der Höchstein thront oberhalb des Hauser Kaiblings und bietet verschiedene lohnende Anstiege. Bedingt durch das Liftgebiet des Hauser Kaiblings können die Anstiege von Norden her verkürzt werden. Die schönste Route führt jedoch vom Bodensee zum höchsten Punkt. Die damit verbundenen herrlichen Ausblicke zum Dachsteingebirge und in die Niederen Tauern unterstreichen den alpinen Wert dieses Berges. Südöstlich erheben sich die Pulvertürme und leiten mit spitzen Graten zur Hochwildstelle über. In diesen Felsbastionen verbergen sich ebenfalls wunderbare Kletterrouten. Der Pulverturm dominiert dabei seine Felsennachbarn.

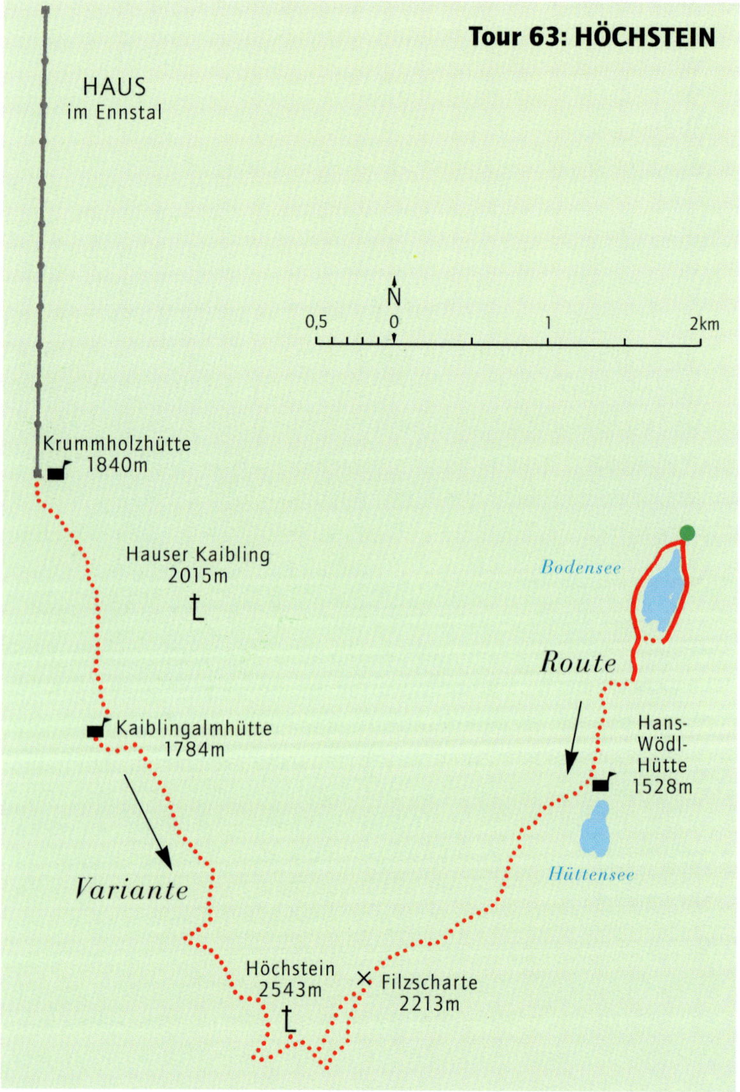

Hochwildstelle
2747 m

Tour 64

Gebiet:	Schladminger Tauern
Charakteristik:	Rassige Bergtour im Gratgelände, die Klettergeschick im ersten Schwierigkeitsgrad verlangt
Talort:	Schladming, 750 m
Ausgangspunkt:	Gasthof „Zur Weißen Wand" im Untertal, 1047 m. Weiterfahrt auch bis Gasthof Riesachfall/ Untere Gfölleralm, 1079 m, möglich (Parkplätze).

Route: Vom Gasthof auf der Fahrstraße talein zur Unteren Gfölleralm. Kurz vor ihr zweigt links der Fußweg ab. In Kehren meist steil über den bewaldeten Hang hinauf zur Oberen Gfölleralm und weiter kurz zum Riesachsee, 1338 m. Am Nordufer zur Kerschbaumeralm, 1356 m. Hier nach links und im Wald steil aufwärts zur Brandalm und zur Neualm, 1849 m. Bei der folgenden Wegteilung geradeaus weiter etwas flacher ansteigend zu Punkt 2057, unterhalb des Wildlochsees, 2089 m. Durch das Neualmkar steil in die Neualmscharte, 2347 m, empor. Von der Scharte nach rechts und auf dem markierten Weg am Rücken der Kleinen Wildstelle bis oberhalb der Seewigscharte. Kurzer, aber ausgesetzter Abstieg in diese und geradeaus zum Beginn des Nordwestgrates. Zuerst über ein Wandl, dann teilweise über Schutt und Schrofen immer rechts der Gratkante zum Gipfel. Vom Gipfel am Südgrat (I) immer längs seiner Schneide mittels gutgriffigem, blockigem Fels hinunter in die Wildlochscharte. Weiter geradeaus in Richtung Süden Abstieg ins Trattenkar und durch dieses hinab. Unterhalb der Felsformationen des Schneiders, 2328 m, vorbei und am Südwesthang hinunter zur Preintalerhütte, 1657 m. Über die Kotalm zum Riesachsee und auf dem Aufstiegsweg zurück ins Tal.

Variante: Einen ebenfalls sehr schönen Wegverlauf bietet die Route von der Hans-Wödl-Hütte über den Obersee zur Neualmscharte.

Höhenmeter:	1700
Zeit:	5-6 / 8-9 Stunden
Stützpunkte:	Gasthof „Zur Weißen Wand", 1047 m, Gasthof Riesachfall, 1079 m, Almwirtschaften am Weg, Preintalerhütte, 1657 m
Karte:	ÖK 1: 50.000, Blatt 134
Sehenswertes:	Schladming

Im Bergverlauf vom Hauser Kaibling über den Höchstein zum Waldhorn erhebt sich die Hochwildstelle als ganz markante Berggestalt. Der Gipfel zählt zu den am häufigsten besuchten Bergspitzen der Niederen Tauern. Rundum wird die Hochwildstelle von kleinen Bergseen umgeben, die allesamt besucht werden können.
Die Tour ist sehr lang und erfordert daher eine gehörige Portion Ausdauer. Außerdem wird Geschicklichkeit im einfachen Klettergelände verlangt. Daher sollte die Route nur von geübten Bergsteigern durchgeführt werden. Diese können sich jedoch auf eine der schönsten Bergtouren in den Niederen Tauern freuen.

Tiefblick vom Höchstein ins Ennstal, dahinter Kammspitze, Grimming und Totes Gebirge

Tour 64: HOCHWILDSTELLE

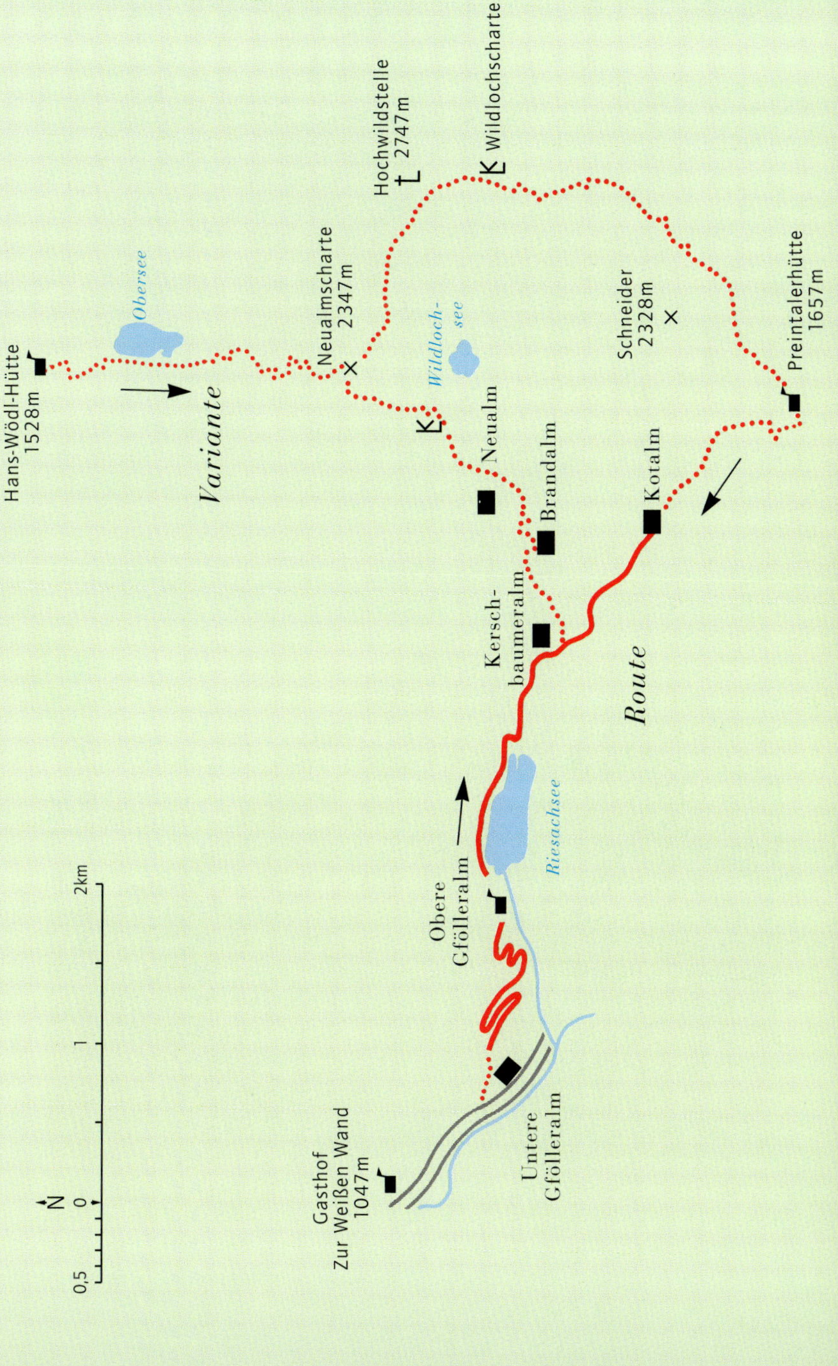

Oben: *Blick vom Greifenberg über die Klafferseen hinweg zu Hochwildstelle (links) und Waldhorn (rechts)*
Unten: *Kurze Kletterei im Abstieg von der Hochwildstelle zur Wildlochscharte*

Waldhorn

2702 m

Tour 65

Gebiet:	Schladminger Tauern
Charakteristik:	Lange Tour auf einen markanten Bergklassiker, Trittsicherheit unbedingt erforderlich
Talorte:	a) Schladming, 750 m b) Lessach im Lungau, 1198 m
Ausgangspunkte:	a) Gasthof „Zur Weißen Wand“, 1047 m, im Untertal bzw. Gasthof Riesachfall, 1079 m, Untere Gfölleralm b) Lessach, 1198 m

Route a: Vom Gasthof auf der Fahrstraße talein zur Unteren Gfölleralm. Kurz vor dieser zweigt links der Fußweg ab. In Kehren meist steil über den bewaldeten Hang hinauf zur Oberen Gfölleralm und weiter kurz zum Riesachsee, 1338 m. Am Nordufer zur Kerschbaumeralm, 1356 m, und über die Kotalm hinauf zur Preintalerhütte, 1657 m. Von der Hütte gemeinsam mit dem Weg zum Klafferkessel zur Wegteilung im Äußeren Lämmerkar. Auf dem linken Weg in Richtung Süden weiter ins Innere Lämmerkar und mittels eines Rechtsbogens über eine Steilstufe. Dahinter wird der Kapuzinersee erreicht. An seinem Ostufer entlang, dann längs der Wände schräg aufwärts in eine Schuttrinne. Durch diese ins Waldhorntörl, 2283 m. Von hier am Westgrat (I) zum Gipfelaufbau. Längerer Quergang in die Südflanke und in ihr in Kehren aufwärts zum Südostgrat des Berges (Verbindungsgrat zum Kieseck, 2681 m), den man oberhalb seiner tiefsten Einschartung erreicht. Am Grat zum nahen Gipfel. Abstieg wie Aufstieg.

Route b: Von Lessach talein zur Laßhoferalm (Autozufahrt spart etwa 1 Stunde) und weiter im Talgrund zur Unteren Gamsenalm. Die Hinteralmhütten, 1434 m, lassen wir links liegen und steigen über eine Steilstufe zur Oberen Gamsenalm, 1878 m, auf. Im fast ebenen, breiten Hochtal in Richtung Norden zum Zwerfenbergsee, 2024 m. Am linken Ufer entlang und über einige Altschneefelder hinauf ins Waldhorntörl, 2283 m. Dann weiter wie a). Abstieg wie Aufstieg.

Höhenmeter:	a) 1650, b) 1500
Zeit:	a) 5–5,5 / 7–8 Stunden, b) 5–6 / 7–9 Stunden
Stützpunkte:	Gasthof „Zur Weißen Wand", 1047 m, Gasthof Riesachfall, 1079 m, Almwirtschaften am Weg, Preintalerhütte, 1657 m
Karte:	ÖK 1: 50.000, Blatt 134
Sehenswertes:	Schladming, Stollenlehrpfad Rohrmoos-Untertal

Das Waldhorn erhebt sich als dominierende Berggestalt oberhalb der Preintalerhütte und sendet nach Norden einen mächtigen Grat aus. Auch dieser kann erklettert werden. Dabei ergeben sich Schwierigkeiten im dritten und vierten Grad.
Umgeben von vielen Bergseen, führen von allen Seiten lohnende Wege auf den Gipfel des Waldhorns. Besonders eindrucksvoll erweist sich die Route durch den Klafferkessel. Eine Idylle von mehreren Berggewässern wird hier betreten, und der Greifenberg, 2618 m, bietet sich für eine Besteigung an.
Auch von Süden her leitet durch das Lessachtal ein interessanter Weg bergwärts. Die Route ist jedoch langwieriger, wobei der Zwerfenbergsee wieder einen Naturhöhepunkt darstellt. Bei allen Anstiegen ist dann am Westgrat Trittsicherheit gefragt. Manchmal gibt es auch noch Altschneefelder, die unsere ganze Aufmerksamkeit erfordern.

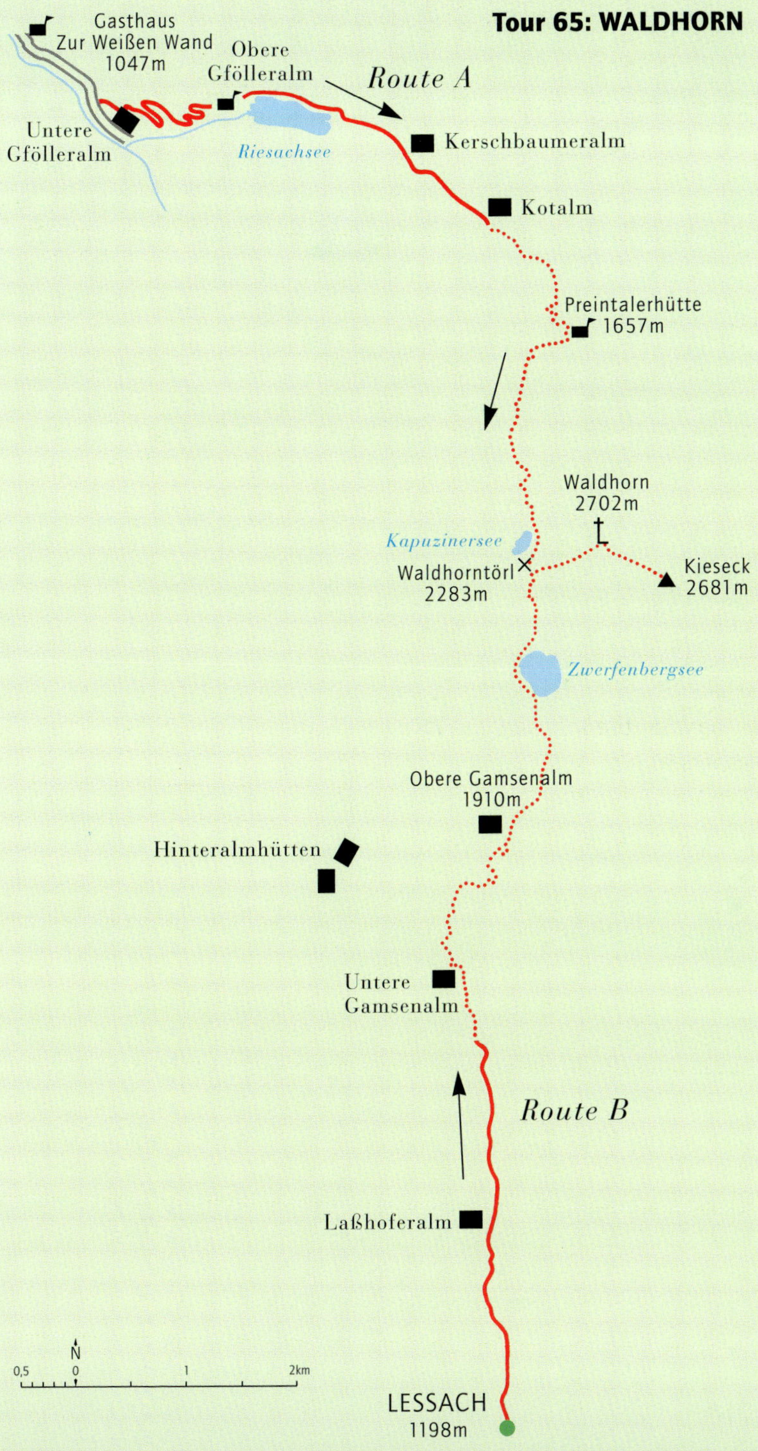
Tour 65: WALDHORN
Gasthaus
Zur Weißen Wand
1047m
Obere
Gfölleralm
Route A
Untere
Gfölleralm
Riesachsee
Kerschbaumeralm
Kotalm
Preintalerhütte
1657m
Waldhorn
2702m
Kapuzinersee
Waldhorntörl
2283m
Kieseck
2681m
Zwerfenbergsee
Obere Gamsenalm
1910m
Hinteralmhütten
Untere
Gamsenalm
Route B
Laßhoferalm
N
0,5
0
1
2km
LESSACH
1198m

Oben: *Malerische alte Almhütte im Aufstieg zur Hochwildstelle*
Unten: *Begegnung mit einer Schafherde auf dem Weg zur Neualmscharte, im Hintergrund die westlichen Schladminger Tauern*

Tour 66

Hochgolling
2863 m

Gebiet:	Schladminger Tauern
Charakteristik:	Rassige und berühmte Bergtour, Trittsicherheit erforderlich
Talorte:	a) Schladming, 750 m, b) Mariapfarr, 1119 m
Ausgangspunkt:	a) Gasthof „Zur Weißen Wand", 1047 m, im Untertal bzw. Gasthof Riesachfall, 1079 m/ Untere Gfölleralm b) Untere Piendlalm, 1329 m, im Göriachtal, Zufahrt mit dem Auto möglich

Route a: Vom Gasthof „Zur Weißen Wand" talein bis zur Wegteilung vor der Unteren Gfölleralm. Geradeaus weiter, dann auf einer Brücke über den Riesachbach und in südlicher Richtung über die Untere Steinwenderalm, 1218 m, zur Unteren Stegeralm. Zuletzt etwas steiler ansteigend zur Gollinghütte, 1651 m. Von der Hütte folgen wir dem Bach über die Obere Steinwenderalm, 1705 m, in den ebenen Grund des Gollingwinkels. Nun nach rechts einen Hang in westlicher Richtung bergan, dann nach links über den Bach und in das von der Gollingscharte herabziehende Kar empor. Durch dieses über Schutt- und Schneefelder auf gutem Steig hinauf in die Gollingscharte, 2326 m. Der Weiterweg benützt die Nordwestflanke des Nordwestgrates, auch Historischer Weg (I) genannt. Hier wenden wir uns nach links und steigen auf einem Schuttsteig und über ein Schneefeld auf. In der Folge Rechtsquergang, dann in Kehren empor und wiederum Querung nach rechts. Über Schutt und Felsstufen hinauf zum Gipfel. Abstieg wie Aufstieg.

Route b: Von der Unteren Piendlalm, 1329 m, etwas langwierig immer talein, vorbei an der Vorderen Urbanalm, der Vorderen Göriachalm, der Vorderen Zugriegelalm und hinauf zur Hinteren Zugriegelalm, 1704 m. Weiter geradeaus zum Ende des Talkessels im Göriachwinkel. Bei der Wegteilung nach rechts (links geht es hinauf zur Landwierseehütte, 1985 m) und in der Folge über eine Steilstufe hinauf in ein Kar, das von der Gollingscharte abwärts zieht. Durch dieses über Schutt- und Schneefelder in die Gollingscharte, 2326 m, empor. Weiterweg wie a); Abstieg wie Aufstieg.

Variante: Lohnend ist es auch, über den Nordwestgrat (II) direkt aufzusteigen. Auf dem Historischen Weg bis dorthin, wo er die Westflanke betritt. Nun gerade empor zu einer mächtigen Wand und unter ihr links auf den Grat, der bis direkt auf den Vorgipfel verfolgt wird. Über einige Felsspitzen in eine Scharte. Kurz hinab, dann wieder scharf rechts aufwärts auf die Grathöhe und über den Grat zum Gipfel. Markierungen.

Höhenmeter:	a) 1800, b) 1500
Zeit:	a) 6 / 9 Stunden, b) 5-6 / 8 Stunden
Stützpunkte:	Gasthof „Zur Weißen Wand", 1047 m, Gasthof Riesachfall, 1079 m, Gollinghütte, 1651 m, Almwirtschaften im Laufe des Weges
Karte:	ÖK 1: 50.000, Blatt 134
Sehenswertes:	Schladming

Der Hochgolling ist der höchste Berg der Schladminger Tauern. Sein steiler Gipfel ist von vielen Aussichtspunkten sehr gut sichtbar. Über das Kasereck setzt sich der Hochgolling mit einem kühnen Bergzug nach Süden fort. Am sanften Gummaberg findet er schließlich oberhalb von Lessach sein Ende. Spitze Grate und schrofe Gipfel säumen diese herrliche Alpinszenerie.

Besonders beeindruckend vollzieht sich der Aufstieg von der Gollinghütte in den Gollingwinkel. Mächtig wächst hier aus dem Kar eine 1200 Meter hohe Nordwand heraus. Lange Kletterrouten durchziehen dieses Bollwerk aus Fels, wobei die Winzig-Wagner-Führe im vierten Schwierigkeitsgrad den schönsten Durchstieg vermittelt.

Schon 1791 wurde der Hochgolling von Tamsweger Bergsteigern erstmals erstiegen. Diesen „Historischen Weg" folgen auch wir ohne nennenswerte Schwierigkeiten. Trittsicherheit und etwas Gewandtheit im Fels sind jedoch unbedingte Voraussetzung. Außerdem ist auf den oft harten Schneefeldern Vorsicht geboten! Da die Tour sehr lange ist, sollte sie nur von ausdauernden Bergsteigern begangen werden. Anderen empfehle ich den Aufstieg zum verträumt gelegenen Landwiersee.

Tour 66: HOCHGOLLING

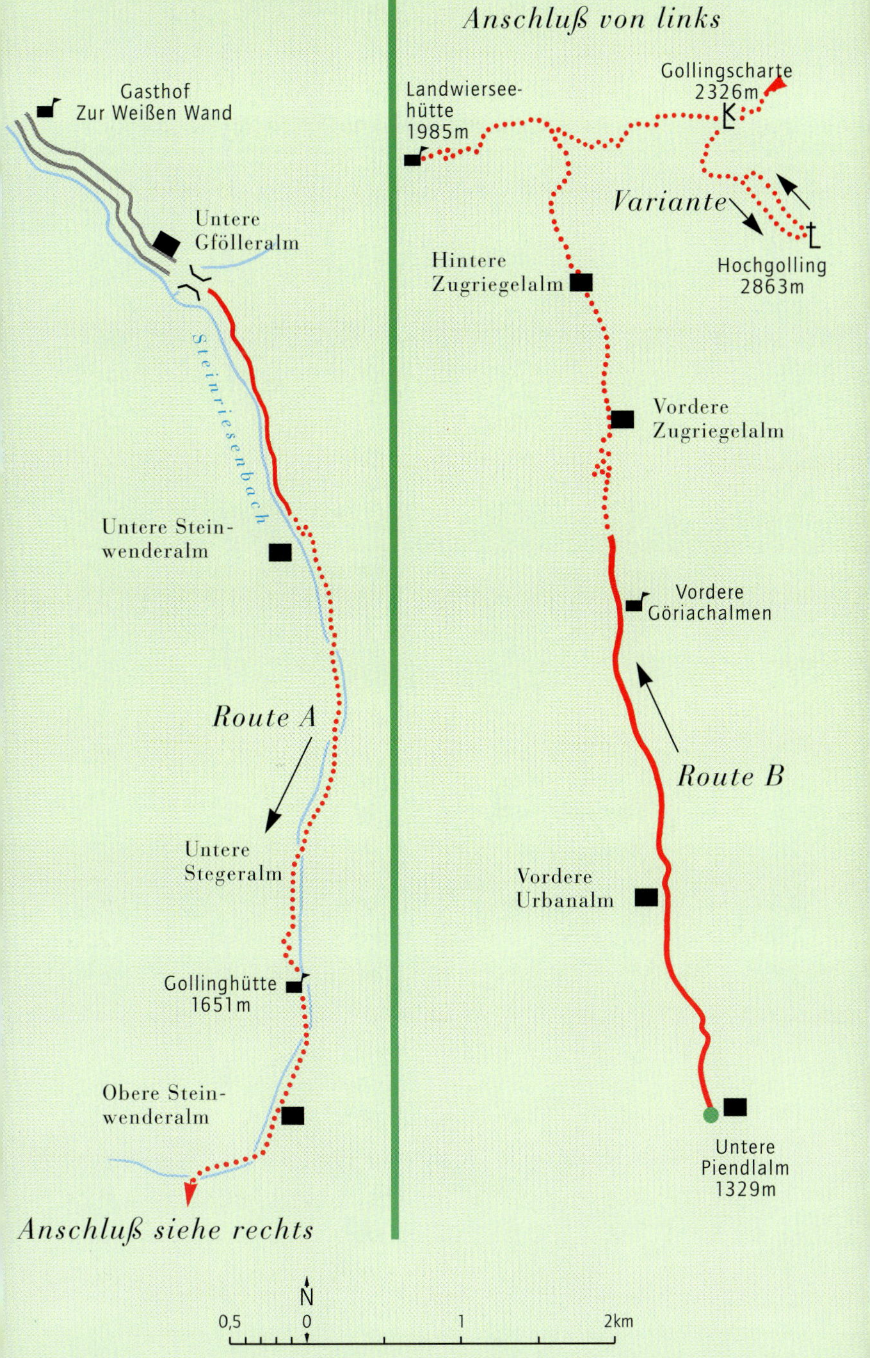

Steirische Kalkspitze
2459 m

Tour 67

Gebiet:	Schladminger Tauern
Charakteristik:	Prächtige Tour auf zwei hervorragende Aussichtsberge; Trittsicherheit erforderlich
Talorte:	a) Schladming, 750 m b) Mariapfarr, 1075 m, Vorderweißpriach, 1102 m
Ausgangspunkte:	a) Ursprungalm, 1604 m, im Ursprungtal (von Schladming mit Kleinbus zu erreichen) b) Gasthaus Tauerngold, 1062 m im Obertal c) Ulnhütte, 1330 m im Weißpriachtal (Autozufahrt möglich)

Route a: Von der Ursprungalm auf dem gut markierten Weg in Richtung Südosten durch ein Hochtal hinauf in den Preunegsattel und zur Giglachseehütte, 1955 m. Nun geradeaus in Richtung Süden zum Znachsattel, 2059 m, empor. Hier nach rechts, zuerst in westlicher, dann in nordwestlicher Richtung über einen sanften Rücken hinan zur Akarscharte, 2315 m. Nach Norden über den Südgrat zum Gipfel der Steirischen Kalkspitze. Von der Akarscharte nach Süden und am Schuttgrat hinauf zur Lungauer Kalkspitze.

Route b: Vom Gasthaus Tauerngold zuerst im Giglachtal über Wiesen, dann durch Wald und über eine kurze Steigung hinauf zur Lackneralm, 1360 m. Über den Bach und meist durch Wald in zahlreichen Kehren bergan zum Knappenkreuz. Weiter auf dem Weg mit sanfter Steigung zu den Giglachalmen und längs des Giglachbaches zum Unteren Giglachsee aufwärts. Am Nordufer zur etwas höher gelegenen Ignaz-Mattis-Hütte, 1986 m. Weiter in Richtung Südosten zum Preunegsattel. Dann weiter wie a).

Route c: Von der Ulnhütte talein zur Abrahamalm und auf dem Weg über das Lanschfeld hinauf in den Oberhüttensattel, 1866 m, mit dem Oberhüttensee. Hier wenden wir uns nach rechts und steigen in

Links: *Ein Naturhöhepunkt: das Waldhorn mit dem Zwerfenbergsee*

östlicher Richtung über mehrere Stufen zur Akarscharte, 2315 m, auf. Dann weiter wie a).
Abstiege wie Aufstiege oder in Kombination.

Höhenmeter:	a) 850, b) 1400, c) 1100; wenn die Lungauer Kalkspitze auch noch erstiegen wird, müssen 150 Höhenmeter zusätzlich berücksichtigt werden
Zeit:	3-4 / 5-6 Stunden
Stützpunkte:	Ursprungalm, 1604 m, Giglachseehütte, 1955 m, Gasthaus Tauerngold, 1062 m, Ignaz-Mattis-Hütte, 1986 m, Ulnhütte, 1330 m, Oberhütte, 1869 m
Karte:	ÖK 1: 50.000, Blätter 127 und 157
Sehenswertes:	Schladming, Mariapfarr mit umgebenden Orten

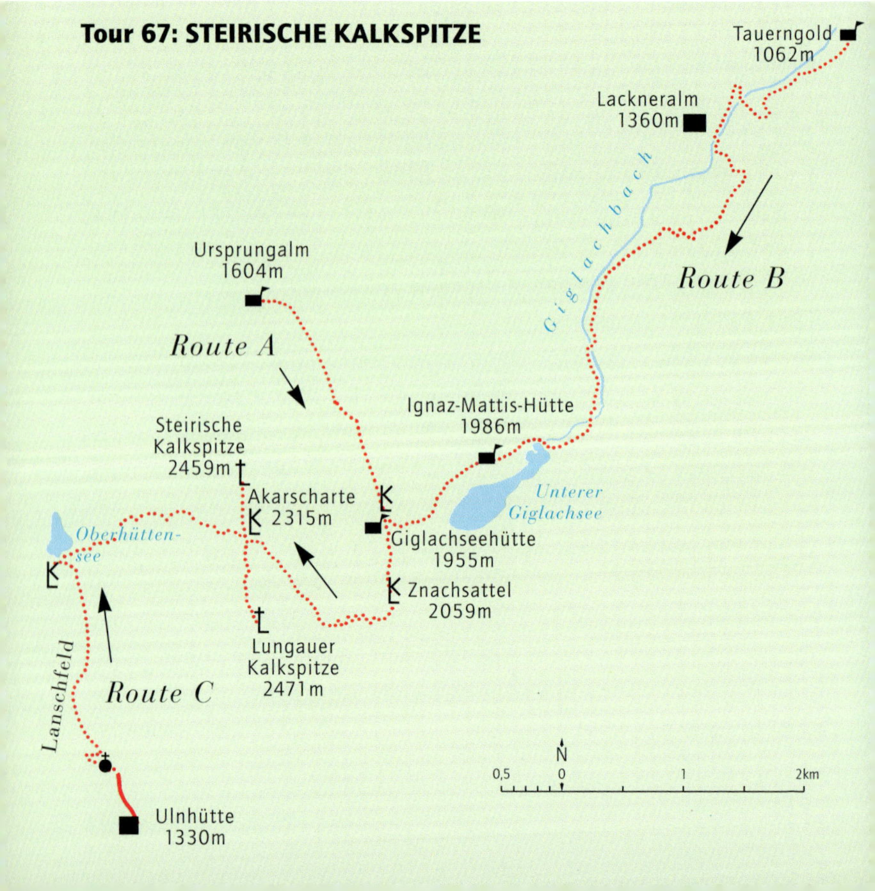

Die Steirische Kalkspitze bildet mit der Lungauer Kalkspitze über die Akarscharte und den Oberhüttensattel einen alpinen Übergang nach Obertauern. Beide Berggipfel können bequem im Verlaufe einer Tour bestiegen werden und vermitteln hervorragende Ausblicke in die Radstädter und in die Schladminger Tauern.
Der landschaftlich lohnendste Anstieg führt über die Ignaz-Mattis-Hütte. Im Zuge einer der schönsten Touren in den Niederen Tauern besuchen wir den Giglachsee. Eingebettet in ein Kar unterhalb der Znachspitze, vermittelt dieser Bergsee Erholung und Bergromantik.
Wer den Anstieg von der Lungauer Seite unternimmt, dem sei nach der Tour noch ein Autobummel durch die kleinen Bergdörfer rund um Mariapfarr empfohlen. Alte Lungauer Bauernkultur und viele historische Gebäude kann man dabei bestaunen.

Der höchste Berg der Niederen Tauern, der Hochgolling, 2863 m, wurde 1791 erstmals von Tamsweger Bergsteigern erstiegen.

Oben: *Blick von Osten zur Steirischen Kalkspitze (links) und zur Kampspitze (rechts)*
Unten: *Spätherbstliches Farbenspiel in den Schladminger Tauern: Blick von der Vetternscharte nach Norden, im Hintergrund der Dachstein, Mitte links der Giglachsee*

Tour 68

Preber
2740 m

Gebiet:	Schladminger Tauern
Charakteristik:	Bekannte, unschwierige Bergwanderung
Talort:	Tamsweg, 1021 m
Ausgangspunkt:	Prebersee, 1514 m Von Tamsweg mit dem Auto erreichbar

Route: Vom Nordufer des Prebersees noch ein Stück weiter in Richtung Osten, dann nach links auf dem markierten Weg hinauf zur Grazer Hütte, 1896 m. Weiter kurz zur Satteleben, dann immer am Bergkamm über das Trogleiteneck und Bockleiteneck, 2460 m, in die Roßscharte hinauf und von dieser geradeaus zum Gipfel empor. Es ist auch möglich, von der Hütte waagrecht in den vom Mühlbachtörl herabziehenden Graben zu queren und durch den Preberkessel zum Mühlbachtörl aufzusteigen. Über den Nordwestkamm zum Gipfel. Man kann auch unterhalb des Trogleitenecks ins Mühlbachtörl hinüberqueren. Hierher auch direkter Aufstieg vom Prebersee über die Preberalm.
Abstieg in Kombination dieser Wege.
Variante: Vom Mühlbachtörl am Südostgrat (I) des Rotecks den Markierungen folgend über einen felsigen Aufschwung zum Vorgipfel empor und schließlich immer am Grat zum Gipfel des Rotecks, 2742 m.

Höhenmeter:	1200
Zeit:	3-4 / 5-6 Stunden
Stützpunkt:	Grazer Hütte, 1896 m
Karte:	ÖK 1: 50.000, Blatt 158
Sehenswertes:	Prebersee, Krakauebene, Tamsweg

Der Preber ist der Hausberg der Tamsweger und vermittelt einen gemütlichen Kammanstieg. Mit der Zusatztour auf das Roteck erhält die Tour alpinen Charakter. Die Aussicht ist weitreichend und führt uns vom gegenüberliegenden Gstoder bis in die südlichen Nockberge. Im Norden liegen uns die Schladminger Tauern zu Füßen. Alles in allem eine Tour, die auch für die gesamte Familie geeignet erscheint.

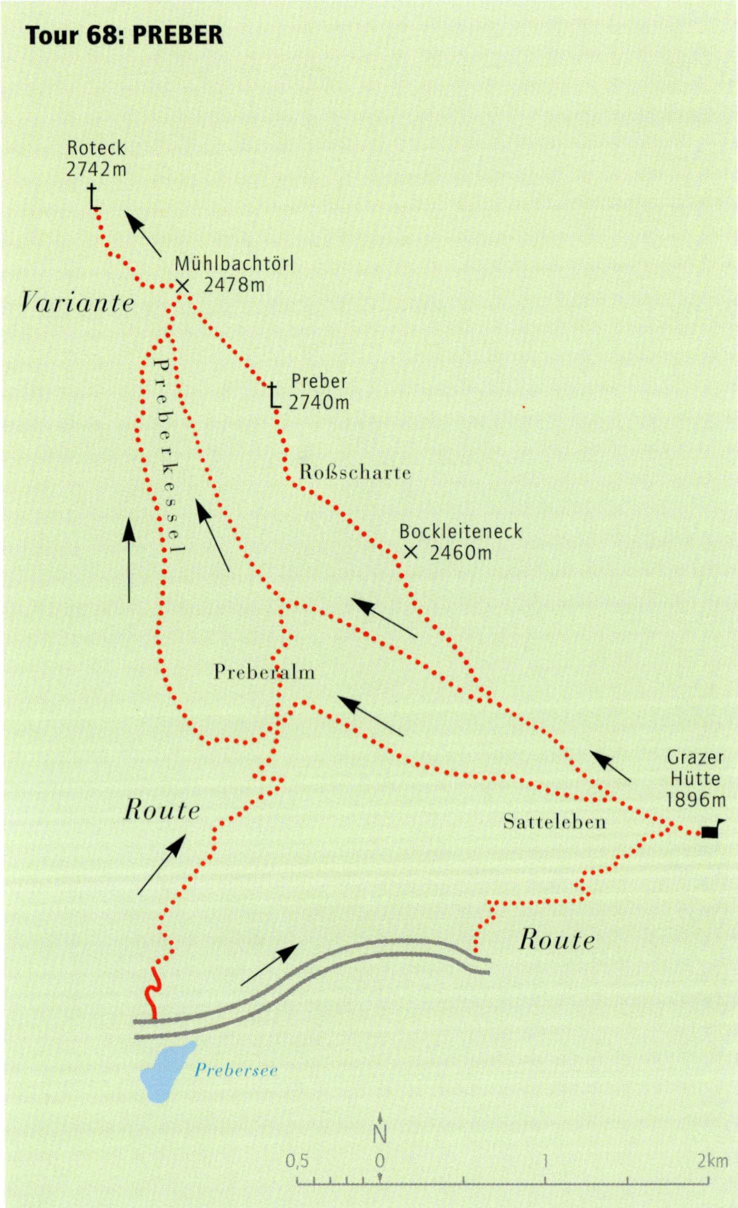

Tour 69

Gstoder
2140 m

Gebiet:	Schladminger Tauern
Charakteristik:	Gemütliche Wanderung
Talorte:	Tamsweg, 1021 m, Sauerfeld, 1109 m
Ausgangspunkt:	Häusergruppe Schwarzenbichl, 1246 m, östlich von Sauerfeld

Route: Von Schwarzenbichl (Wegweiser) noch ein kurzes Stück mit dem Auto bis vor das letzte Haus (Parkmöglichkeit). Weiter auf einem Forstweg durch Wald bergan, bis nach einer Kehre, etwa 1340 m, rechts ein Waldpfad abzweigt. Diesem folgen wir in schöner Wegführung hinauf zur Dorferhütte, 1655 m. Nach der Hütte nach links über einen Schlag kurz aufwärts. Der Weg wendet sich in der Folge nach Süden und leitet schließlich mit einer großen Kehre nach Nordosten. Auf einem spärlich bewaldeten Rücken hinauf zu den freien Flächen und über den Nordwestkamm (Blöcke) zum Gipfel. Abstieg wie Aufstieg, von der Dorferhütte auch über die Forststraße möglich.
Variante: Sehr attraktiv ist auch die Kammwanderung zur Payerhöhe, 1966 m. Dabei bildet Stadl an der Mur den Ausgangspunkt, wenn über die Payeralm, 1780 m, aufgestiegen wird.

Höhenmeter:	900
Zeit:	2,5-3 / 4-5 Stunden
Stützpunkt:	Dorferhütte, 1655 m
Karte:	ÖK.1: 50.000, Blatt 158
Sehenswertes:	Tamsweg, Krakauebene

Der Gstoder ist den Schladminger Tauern im Süden als Bergkuppe vorgelagert und bietet eine prächtige Fernsicht. Durch die gemütliche Dorferhütte, die mit selbstgemachten Almprodukten aufwartet, erweist sich diese Tour speziell für Familien als sehr lohnend und erlebnisreich.

Tour 69: GSTODER

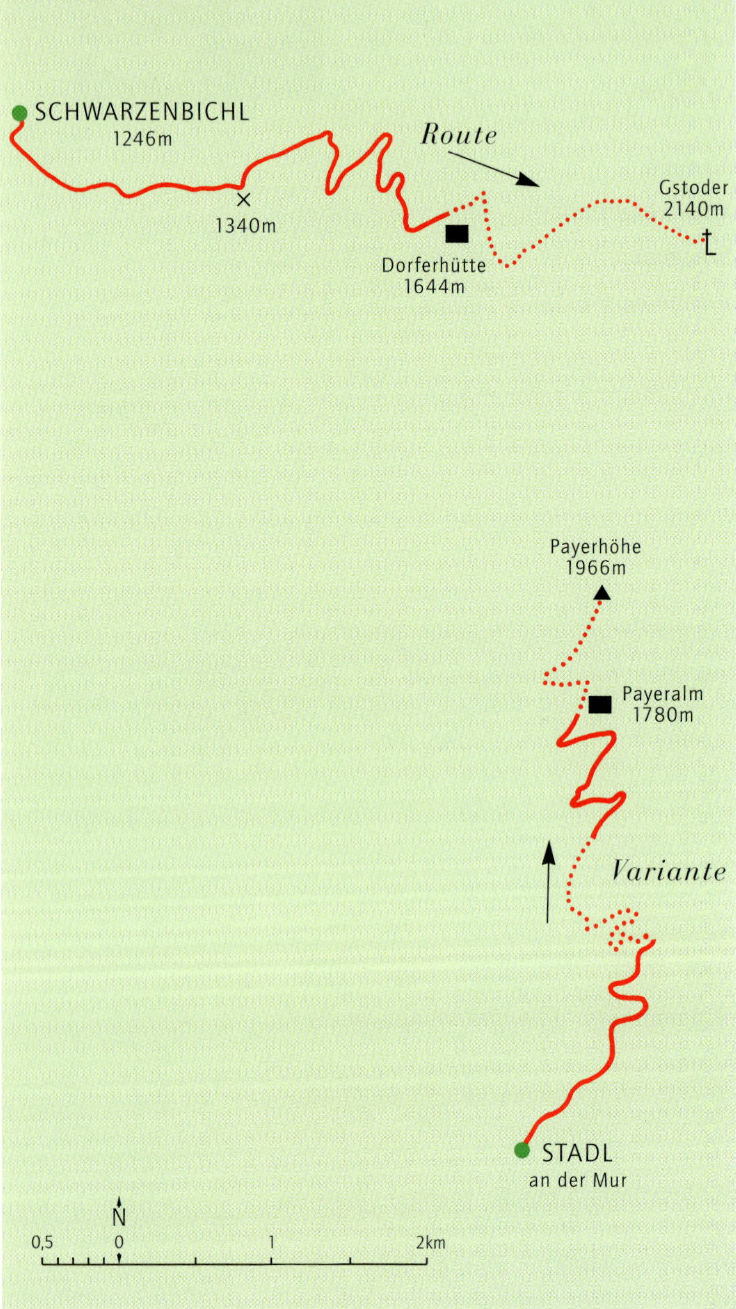

Gurpitscheck
2526 m

Tour 70

Gebiet:	Schladminger Tauern
Charakteristik:	Sehr lohnende Kammwanderung
Talorte:	Mariapfarr, 1119 m, Mauterndorf, 1121 m
Ausgangspunkt:	Schigebiet am Fanningberg, 1500 m

Route: Von der Talstation des Liftgebietes auf markiertem Wanderweg zuerst durch Wald, dann über die Raderhütte hinauf zur Fanninghöhe, 2115 m. Nun immer am Kamm über den Zechnerriegel, 2115 m, zur Karneitschenhöhe, 2181 m. Kurzer jenseitiger Abstieg in eine Einsattelung und wieder hinauf zum Kleinen Gurpitscheck, 2378 m. Wieder Abstieg in eine breite Einsattelung, in der Folge am Kamm und zuletzt längs des Südgrates kurz zum Gipfel. Abstieg wieder in den Sattel zwischen Gurpitscheck und Kleinem Gurpitscheck. Hier dann nach links in Richtung Osten hinunter ins Gurpitschkar zur Karnerhütte, 1754 m, und zur Gurpitschhütte. Auf dem folgenden Waldweg zu einer Hütte und in südöstlicher Richtung auf einem Forstweg hinunter ins Weißpriachtal. Zwei Autos günstig.
Variante: Man kann auch gleich von Mauterndorf/Stampfl über den Moserkopf, 1901 m, zum Kammverlauf ansteigen.

Höhenmeter:	1000
Zeit:	3–3,5 / 5–6 Stunden
Stützpunkte:	Keine
Karte:	ÖK 1: 50.000, Blatt 157
Sehenswertes:	Mariapfarr, Mauterndorf, Schloß Mauterndorf

Der Fanningberg ist als Lungauer Schigebiet bestens bekannt. Im Sommer gewährt diese Region eine sehr aussichtsreiche Kammwanderung. Immer auf der Höhe wandernd, führt der Weg bis hinauf zum Gurpitscheck, das sich oberhalb von Tweng ausbreitet. Zwischen Taurachtal und

Tour 70: GURPITSCHECK

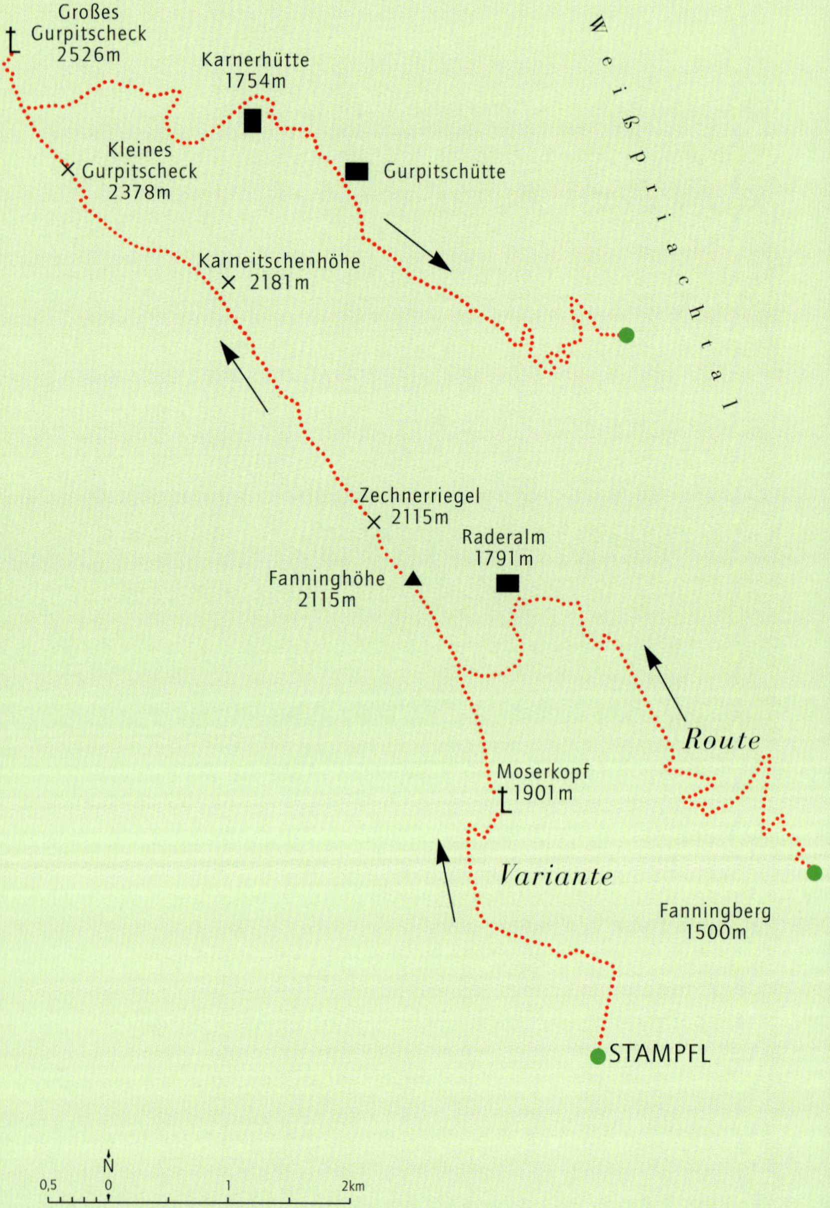

Weißpriachtal verläuft dieser Bergzug in fast gerader Linienführung und endet schließlich am Paß in Obertauern. So blicken wir direkt in die Radstädter Tauern hinein, und das Großeck mit dem Speiereck ist zum Greifen nah. Ebenso macht uns der Hochfeindkamm seine Aufwartung. Der Wegverlauf ist einfach und kann vom Gurpitscheck noch bis zum Twenger Almsee verlängert werden. Der Abstieg führt dann über die Hofbauerhütte hinunter nach Tweng.

Immer wieder ein beeindruckendes Naturschauspiel: Sonnenuntergang in den Bergen

Gipfel- und Ortsregister

Bildnachweis

Csaba Szépfalusi: Seite: 15, 16, 21, 22 (oben), 64 (unten), 69 (unten), 70/71 (unten), 72, 76, 78, 82, 85, 90, 101, 109 (oben), 110, 113, 114, 117, 121, 122, 128, 134, 138, 142, 144, 147, 148, 150, 160, 170, 173, 182, 184, 198, 200, 206, 208, 212, 214 (unten), 218, 226;

Manfred Korbaj: Seite: 3, 12, 22 (unten), 26, 28, 34, 36, 38, 42, 44, 53, 58, 63, 64 (oben), 69 (oben), 70/71 (oben), 86, 92, 95, 98, 102, 109 (unten), 152, 154, 156, 167, 174, 176, 178, 214 (oben), 220, 225, 233;

Miletich/CONTRAST: Seite 54